JN181800

催眠をはじめるときに知っておきたかった101のこと

ダブニー・ユーウィン

福井義一＝訳

金剛出版

101 things I wish I'd known
when I started using hypnosis

催眠の歴史は、奇蹟的治癒の蠱惑（こわく）によって、虚飾におびき寄せられた治療者たちの凋落（ちょうらく）の物語でごったがえしている。私は、賢明で大切な妻マリリンにこの作品を捧げる。彼女は、私の頭が空に向いている間、私の足を地面につけておくアンカーでありつづけてくれた。

推薦の辞

日本の臨床催眠家のあいだではどうしたことかミルトン・エリクソン（Milton Erickson）の名前が特出し、催眠と言えばエリクソン、しかもブリーフ・アプローチ一辺倒といった傾向が見受けられる。これが視野の狭い誤見であることは言うまでもなく、多様な見解とアプローチが享受される、催眠学の本場米国や、オランダ、ドイツなどの欧米諸国では、「あなたの催眠は誰の影響を受けたか？」などと尋ねられることが少なくない。この問いに対して名前の挙がることの多い一人が本書の著者ダブニー・ユーウィン（Dabney Ewin）博士である。米国臨床催眠学会でお目にかかるたび、南部ルイジアナ州独特の柔らかい南部アクセントを耳にし、博士の優しい人柄を感じるのはおそらく筆者だけではなかろう。

ユーウィン博士のユニークな点は、米国テュレィン大学医学部において長年にわたり精神医学と外科学の両分野において臨床に携わられたことである。

催眠が外科領域において有効なことはよく知られているが、その実践には相当の知識と技術、そして勇気を要する。心理療法場面における催眠応用とは異なり、鎮痛、止血、血圧安定などといった暗示の効果が即座に奏功するかどうかが決め手となるからである。これは外科分野だけに限らず、医学的処置が必要される諸領域（がん治療、疼痛・副作用緩和など）や歯科学においても同様である。ユーウィン博士はとりわけ痛みの激しいと言われる火傷治療に催眠を応用され、その研究と臨床での草分け的存在となられた。これらの領域における催眠実践から、博士は伝統的外科学の説く身体介入だけでは不十分であり、患者の精神面にも注目することの重要性を認識し強調されたのである。博士の体験知が後進にとってかけがえのない教訓となることには疑いの余地がない。

今回、福井義一教授によって訳された本書は、そのタイトルに記された通りユーウィン博士の催眠英知の凝縮である。催眠の初学者、熟練者を問わず本書を薦める。

大谷　彰
米国臨床催眠学会フェロー
Spectrum Behavioral Health シニア・サイコロジスト

序文

私はユーウィン博士に、医師という専門家としての人生のエッセンスを一言で表現してもらったことがあります。答えは明確で、素早く、情熱的でした。彼は、治療や教育において、患者さんの知性や影響力を賞賛して止まない人です。それなのに、一言、彼の言葉は「熱意」だったのです。

人生を賭けている医師に降りてくる言葉や言い回しは、セラピーという技のガイドとなります。多くの患者さんにとって症状は、心と身体の隙間に落ちていくものですが、このつかみどころのない接点にも、科学的な洞察と直感的な理解によって到達できるのです。ユーウィン博士は、このことをよくわかっていたので、自分の技を精力的に磨いているのです。

ユーウィン博士は、「患者さんがよくなることを信じています。なぜなら、患者さんは実際によくなるからです」と言います。この小さな知恵の本を通して書き留められた言葉やイメージ、暗示によって、彼は患者さんの考え方、感じ方、振る舞い方を変えます。彼は、こころが脳の機能を変えられることも、脳がこころの機能を変えられることも知っています。催眠では、このこころと身体の間で繰り広げられる癒やしの共鳴が何度でも起こるようにします。簡単に言うと、患者さんは再びこころと身体の全体性を取り戻すのです。

私は、ユーウィン博士の人生経験をぎゅっと凝縮したこの素晴らしい本の読者一人ひとりが、その内容を自分自身のスタイルに馴染ませ、自分自身のキャリアの道筋を旅するように他の人たちに教えることをすすめます。だって、これらは秘密であり、鍵であり、役に立つ答えなのですから。

ピーター・B・ブルーム

序

「いつでも小さな本を読みなさい」

チャールズ・ダンロップ医師

ある日の医学校での出来事。私たちの病理学教授のダンロップ博士が、『ブリタニカ百科事典』に似た本が30冊ぐらいしかない小さな読書室に転がり込んできた。彼は私たちに、これはインシュリンが発見される前の１９２０年に刊行された、糖尿病について知られていたことすべてを含む記念碑的な編集物だと言った。次に、彼は２００ページぐらいの1冊の本をかかげて、「これはインシュリンが発見された後の１９３０年に刊行されたものだ。いつでも小さな本を読みなさい」と言った。

私の経験では、知識の豊富な著者による小さな本は、時間の節約になるだけではなく、明確なメッセージそのものである。『単純さの追求』は、水素爆弾を生み出した物理学者エドワード・テラー博士による著書だが、私の手元にある複写版は１６７ページである。時に、分厚い編集本が小さな本（章）の集合である場合があるが、そんなことは滅多にない。

私はこの出版物を、メッセージに一致させてできる限り小さくしようとした。何年かかけて、私は催眠についてのさまざまな洞察を生徒たちに伝えるために書き留めておいた。その結実が、本書である。

マレックの法則「どんな単純なアイデアも言葉にすると最も複雑になるだろう」

マレックの法則への違反は、教育とコミュニケーションにとっての勝利である。過度に単純素朴になるリスクを冒して、私はこのありふれた現象を逆転させようとしてきた。その結果、最も複雑なアイデアが最も単純な方法で表現された。

ダブニー・ユーウィン

催眠をはじめるときに知っておきたかった101のこと●目次

単語編

禁煙編

痛み編

技術編

何でも知恵袋

催眠をはじめるときに知っておきたかった101のこと

単語編

治療は言葉によって行われています。ですから、辞書やシソーラス（類義語辞典）は私たちの薬局です。言うべきこと、言ってはならないこと、そして言い方がとても重要です。催眠を使わない場合でも、これは古代からの知恵なのです。17世紀の有名なイタリア人の医者であったジォルジオ・バリーヴィ（1704）は、こう書いています。「医者の**言葉**がどんな影響を患者の生活に及ぼすか、思いつきをどれほど左右するかについて、正確に言い表すことは私には到底できません。よく回る舌を持つ医者、説得の達人は、薬に自分の治療を……結びつけて、患者さんの確信と希望を高めるので……、時には最もばかげた治療で困難な病気に打ち勝ちます」（強調は著者）。ダクトテープでイボ治療？　もしあなたが患者さんにこんなことを信じさせることができれば、治療はうまくいくでしょう！　覚醒した状態で私たちがプラシーボと呼んでいるものは、催眠のなかではかなり増強されます。

1 ～のように思える

これは、トラウマ的な出来事に退行するときや、特に死の危険があると認識されているときに、とても助けになる言い回しです。

こんな風に言うことができます。「殺されてしまったかもしれない**ように思える**としても、その**ように思える**だけだとわかることは、とても素敵なことではないでしょうか？　なぜなら、あなたがこの状況を生き延びていることを、私たちはすでに知っているのですから。それがどんなに悪い**ように思えても**、まったく問題ありません」。

まだ

2

「まだ」という言葉は分析をするときに使うべき言葉です。

観念運動シグナル法（ideomotor signals）は、無意識的な身体の動きで、たとえば賛成するときにうなずくといったように、まず考えから始まります。一般的にはボディ・ランゲージと呼ばれます。催眠の場合は、指の動きを用います。

観念運動シグナルを設定するとき、私はどれか一本の指の動きを、「まだ、答える準備ができていない」とか、「答えたくない」という信号にします。患者さんは、まったく答えたくないのかもしれません。患者さんの指が上がったときに私はこう言います。「結構ですよ、あなたはまだそれに答える必要はありません。でも、いつか自分のことを完全に理解するときが来ますよ」。患者さんが答えたくない質問は、きっと重要な質問でしょう。そして、私たちの最終目的は、ただ「答えたくない」というシグナルを得ることではないのです。

やめる代わりに とめる

やめる者は、敗北者です。

私たちの社会では、学校をやめることは大惨事です。仕事をやめることには、クビになるかもしれないという心配がつきまといます。結婚をやめることはつながりの失敗ですし、子どもたちを悲しませることになります。

「やめる」という言葉には、否定的な情緒内容がこめられています。5

3

時に笛が鳴ったら、仕事をする手を**とめます**が、やめはしません。悪い癖を「やめる」よりは「とめる」ほうが、気持ちの上でもずっと楽でしょう。

ギブ・アップ

14

ギブ・アップは
あきらめることの同義語です。

いじめっ子にプロレスごっこを仕掛けられて、ヘッドロックをされたことのある男の子なら誰でも、「ギブ・アップするか?」という屈辱的な要求に覚えがあるでしょう。もし痛くてギブアップしてしまったら、怒りと恨みだけが残ります。

ウィンストン・チャーチルは、第二次世界大戦中にこんな言葉で全白由世界を煽動しました。「私たちは絶対にギブ・アップしない！」。患者さんやクライエントさんに対して、悪癖をやめる（give up）ように指示する臨床家は、こんな言い回しを使わないよう、よく考えるべきです。それよりは、**放棄する**、**中止する**、**受けつけない**、**断わる**等々のほうがいいでしょう。

5 がんばる

この言葉は失敗をほのめかします。

この言葉を使うのは、起こってほしくないことがあるときだけです。局部麻酔薬を注射するときに、ときどき「がんばって笑うのを我慢してみてください」と言うと面白いことが起こります。少しぐらい痛みがあっても、たいていの人は笑ってしまいます。

あなたが歯医者さんのイスに座っているところを思い浮かべてみてください。歯医者は、「がんばってリラックスしてください」と言います。

がんばることは苦労を伴い、リラックスすることとは正反対です。単に「リラックスしてください」と言ったほうが、よっぽどマシでしょう。

ナイキの広告は、

「もっとがんばれ」とは言いません。

「とにかく、やってみよう！（Just do it !）」

と言っています。

6 感じる（feel）

潜在意識は感じるこころであるのに対して、意識は論理的なこころです。ほとんどの感情は、論理的に言い表すことができません。

催眠分析で観念運動シグナル法を使うときには、もし「イエスと**感じたら**……」とか、「ノーと**感じたら**……」、と尋ねます。意識的に確からしいと思う事実が重要なのではありません。これが症状を引き起こしているのだと、患者さんが**感じて**いるものこそが真実なのです。

感じがする（sense）

この言葉は、感じる（feel）ことよりも直感を必要とします。微妙な違いですが……

チークによる症状の七大共通原因（葛藤、器官言語、動機づけ、過去の経験、同一性、自罰、暗示（COMPISS））について尋ねるときには、「葛藤に影響されている**感じがします**（sense）か？」と尋ねます。これは、「〜そう感じます（feel）か？」と聞くのとは違います。というのは、この新しい考えについて、どうやっても何も感じない可能性があるからです。

7

煩(わずら)わせる

人は痛みを恐れますが、
痛みを引き起こさない限り、
ちょっとした不快のことは気にしません。

採血をするとき、覚醒暗示で、「ちょっと圧を感じるかもしれないけど、あなたを煩わせることはありません」と言います。これは否定的な暗示［☞21参照］ですから、もちろんちょっとは煩わせるわけですが、少なくとも痛くはありません。自分が感じているものを圧と解釈するよう教示されているので、あまり煩わされることはないのです。

普通

9

この言葉は、ゴールとして暗示すべき何か特定のことを思いつかないときには、いつでも使うことができます。

下痢と便秘、肥満とやせ、免疫亢進と免疫機能低下の間にはそれぞれ、誰もが普通で良好だと思えるような、幅広い快適な領域があるのです。

直す・修繕する（fix）[訳注]

10

良い言葉のように聞こえますが、もしも子ども時代に飼い犬が、去勢のために家族に獣医さんに連れて行かれて固定（fix）された後に、何が起こったかを覚えていたら、この言葉を聞きたいと思う人などいないでしょう。

賭け事をする人は誰でも、いかさま（fix）があるときにどう賭けたらいいかを知っています。**修繕したり（repair）**、**訂正したり（revise）**したほうがずっといいでしょう。

◆訳注
"fix"には、多くの意味がありますが、話し言葉では「直す、修繕する」の意味で用いられています。ただし、もともとは「固定する」「身動きできなくする」という意味があるので、「直す」という意味で用いたとしても、クライエントに不快な記憶を呼び起こす可能性があります。そのため、使わないのが得策だとされています。本書の例では、"fix"には口語で「去勢する」「いかさまをする」という意味があるため、2つの例が挙げられています。

11 焼けつく

この言葉は、
痛みを表現する言葉のひとつです。

「焼けつく」と言う場合、特定のタイプの痛みを表現しています。ですから、火傷を負った患者さんを治療するときには、この言葉を使いません。「その**関連している部分**がどうやって涼しく快適になっていくかに気づいてください」と言い、「焼けつく部分」が快適になるとは言いません。「がんばってリラックスしてください」と言うのと同じです〔☞5参照〕。

12 困り事

この言葉は、
心身症の患者さんの
潜在意識のこころを検索するには
最適な検索語です。

新しい患者さんに対する最初のコメントは、「あなたの**困り事**について話してください」です。これは、「何が問題（matter）なんですか？」とか「どんなお手伝いができますか？」と聞くのとずいぶん違います。こんな風に聞いてしまうと、頭痛、消化不良、不眠などといった症状のリストが返ってきてしまいます。

困り事は情緒的なので、この質問に対する答えが糸口を与えてくれるでしょう。時には、答え方が自ずと否定形になります。たとえば、「それはたしかに恐れとは関係ないんです」という文章は、当然、恐怖の抑制がこころに浮かんだことを表現してくれています。情緒的な問題をほのめかすような、フロイト的失言や余計な一言があるかもしれません。

13 空想にふける（vs想像する）

何かを想像するように言われたら、私はそれについてただ空想にふけるようにしています。私は、空想にふけることと想像することを区別できませんが、多くの患者さんにとっては、潜在意識的に違いがあるようです。彼らは「何かを想像していますね」とか「それはすべてあなたの想像のなかにあります」と言われたことがあるかもしれません。成人の場合は、空想のほうが想像よりもよくコントロールできている感じがすることに、私は気づきました。そこで、何か想像してほしいときには、ただ空想にふけるように言います。

その一方で、子どものなかには「空想にふけってないで、宿題に取りかかりなさい」と注意されたことがある人もいるので、その場合は、「空想にふける」よりも「想像する」のほうが良い言葉になります。

私はサービン（2006）の定義がお気に入りです。「催眠は**信じられた**想像です」。私の経験では、想像したり空想にふけったりすることができる人なら、誰でも催眠現象を体験することができます。私たちのすべてのトレーニングの目標は、患者さんが本当にそれを**信じる**ことができるように、催眠を提供する方法を学ぶことです。

14 大切

「大切」は、自我強化をするときの、私が知る限り最良の言葉です。この言葉は、「あなたは他の誰とも同じぐらい良い人で、そのことを誰にも証明する必要はありません。ただあなた自身であっていいんですよ」と言っているのと同じなのです。

私たちは、自分たちが大切なもの（完全でなくても）として創造されたこと、人生において意味を見出すことができることを、実に簡単に忘れてしまいます。

安全

15

不安に駆られている生活からは、安全の感覚が失われてしまっています。不安に駆られて二の足を踏み、不快感を覚えている患者さんの誘導の終わり際に、私はためらわず「あなたはここなら安全でいられます。そして、ここならあなたの身には何も起こりません。この問題を解決するために必要なら、どれだけ深いところまで進んでも構いません」と言います。

不安の定義のひとつに、慢性的な恐怖状態というものがあります。そして、不安な人にとって終わりのない問題は、「自分を守るためにずっと警戒していなくてはならない」という感覚があることです。「私があなたを守りますから、そんな感覚を少し棚上げして、**安全**でいられますよ」とトランスのなかで言われたら、不安な人はどれほど安心することでしょう。こうしてラポールは築かれるのです。

禁煙編

1964年の軍医総監の報告以降、度重なる制限法の議決により、アメリカ合衆国における喫煙率は、50％近くあったところから、「救いがたい」喫煙者による滅多に変動しない21％にまで下がっています。催眠の文献は、成功率は高いものの、言語的なフォローアップでは短期間しか保たないという苦情で満ちあふれています。私は喫煙者をあまり信頼していません。なぜなら、喫煙者は怒られるのを避けようとして、医者によく嘘をつくからです。1年間の禁煙の後に再発するのはごくわずかな人たちだけです。1年間の化学的なフォローアップを伴った前向きの統制研究があればいいのですが……。

16 やめる

患者さんに「喫煙をやめなさい」と言うことには、2つの致命的な欠陥があります。私たちは自由国家に生きていているので、何かしなければならないと言われることに対して反抗します。常識と実際のデータが、私たち自身の生命を救うために必要だと口うるさく伝えてくれたにもかかわらず、シートベルト着用の義務を受け入れるのに、およそ15年もかかりました。

脱落者（**quitter**）はアメリカ的ではありませんので、私たちは感情的に抵抗します［☞3参照］。患者さんが助けを求めたときは、「あなたには喫煙をとめる（stop）ことが必要です」と言います。すると、患者さんはそれを選択権への侵害ではなく、脱落者に成り下がるという屈辱への呼び水でもなく、良いアドバイスとして速やかに受け入れることができます。

私は喫煙者です

17

患者さんが、
問題は「私が喫煙者である」ことだと言ったら、
問題は「私がイヌイットである」ことだと
言っているのと同じことです。

これは、人生において変化させられない事実であり、治療は無駄であることを仄めかしています。そんな考えは受け容れられないので、私は即座に「あなたは、たばこの吸い方を学ぶことを選んだ人類と言ったほうが真実ではありませんか？」とリフレームします。この変更が受け容れられたら、いつ・どうやって・なぜ患者さんが喫煙を学ぶことを選んだのかという問題に立ち向かうことができますし、新しい選択が問題を解決する方法として適切かどうか確かめることができます。

18

元喫煙者

患者さんに元喫煙者になりなさいと言う話を聞いたことがあります。私にとって、元○○になるという考えはどうでもいいことです。誰が元受刑者や、元共産主義者、元ビューティ・クイーンになりたいでしょうか？

私は、喫煙している患者さんに、目標は再び**普通**になることだと言います。空気を吸うことは普通ですが、煙を肺まで吸い込むことはとても異常なことです。煙を見ても逃げ出さない唯一の生きものとして、人類はその方法を学ばなければなりませんでした。

非喫煙者

19

誰が存在しないものになりたいでしょう？　非ナチス主義者とか、非テロリストとか？

また、目標が患者さんを特徴づけることであるなら、もう一度**普通**になるために、余計なことをせず、そのままにしておきましょう。

20 ちょっとしたしくじり（ぶり返しではなく）

ぶり返しという言葉は、
スタート地点に戻ってしまって、
価値のあることは何も起こらなかったことを
仄めかしてしまいます。

喫煙している患者さんが1カ月間がんばって、その後2、3本たばこに火をつけたとしても、私はそれを失敗とは考えません。それは、進行中の成功における単なるちょっとしたしくじりに過ぎません。

学生生活を通して、私たちには毎年夏休みがあります。それは進行中の教育におけるちょっとした逸脱にすぎません。9月になったら1年生から再出発するわけではありません。私たちは次の学年に進級するのです。

私なら、「すべての成功はさらに多くの成功を導くので、もしあなたが1カ月も成功することができたなら、次は2カ月、その次は4カ月、8カ月……と成功できます」と指摘します。

21 否定的な暗示

否定的な暗示は、
しばしば裏目に出ます。

「ゾウのことを考えないで！」とあなたに言ったら、あなたが最初にしないといけないのはゾウを考えることです。そうすることで、まずは何について考えてはいけないのかを考えます。

そのため、脚のギプスをした人が「どうせ、かけないんだから、かゆくなっても、注意を向けないで！」と言われたとき、何が起こるかを予測できます。

看護師が予防注射の直前に「痛くないよ～」と子どもに言って、その後にお決まりのように悲鳴が上がるのを何度聞いてきたことでしょう。「あなたはこれ以上喫煙する気が**しません**」という暗示は、失敗が約束されたも同然でしょう。

22 不可能

「不可能」という言葉は、否定的な暗示を肯定的なものに変える言葉です。

「たばこを吸いたくなくなるでしょう」と言う代わりに、「最初にたばこを見て、そして肺を守ることについて意識的な選択をせずに、たばこを口に持っていくことが**不可能**になるようにしましょう」と言うことができます。

23 嗜癖（しへき）

この言葉は科学的なコミュニケーションにおいてはその意味を失ってしまいましたので、私は通常、避けるようにします。それはもはや、特定の化学物質に対する身体的な欲求を示すものではなく、チョコレートやセックス、スポーツ（今では、外国製の石油にまで）に対して嗜癖しているといったように、強い情動的な欲求を記述するため、のべつ幕なしに使われます。

自分のことを嗜癖者だと考える患者さんは、自分は無力で問題を克服できないという固定観念を取り入れてきました。これは手の施しようのない喫煙者（アメリカでは人口の約21％）にとっては、とりわけ真実です。

百歩譲って、ニコチンがパワフルな薬物だとしても、最初の一本の前に目を覚まして一杯のコーヒーを準備できるなら、目覚めを良くする化学薬品の欠如ということにはなりません。私が手当てをしている患者さんでも、朝ベッドからバスルームへ直行する前にたばこに火をつける人は、ごくわずかしかいません。それ以外の人に対しては、問題は化学物質への嗜癖などではなく渇望なので、それは変えることができると指摘します。

24 最初の訪問時の誘導

簡便なアイロールを用いた誘導をして、以下のような暗示をするのに、5分とかからないでしょう。「次回、あなたはトランスに入る準備ができていて、今の2倍の深さに素早く入るのがどれほど簡単かということに気づくでしょう」。催眠を受けに来た患者さんはその準備ができているので、たとえトランスのようなことが一切起こるわけがないと思っていても、本当に2倍も深くトランスに入るのだろうかと思いながら、次の訪問に向けて帰宅するでしょう。

催眠感受性について心配されている方々へ――催眠感受性は安定した

特性ですから、後でいつでも測定が可能であることを思い出すか、または催眠誘導プロフィール（ＨＩＰ）を最初の誘導で用いると、同時に催眠感受性も測定できることを思い出してください。

私は喫煙患者を３回で治療します。最初の面接が単に病歴聴取か催眠感受性テストだけだったなら、そのために来たのに催眠を受けられずに、患者さんはがっかりして以前のようにたばこを吸って立ち去るでしょう。ヨーロッパのある会合で、催眠感受性テストを用いて注意深く統制された喫煙研究の報告を耳にしました。そこでは、初回の面接時にいかなる催眠の誘導もなされていませんでした。あっという間に３分の１の参加者は脱落し、初回面接の後は戻ってきませんでした。医師たちは患者側の動機づけの欠如のせいにしていましたが、最初の訪問時に誘導を怠ったことが研究デザインの欠陥だと思います。

25 喫煙行動を維持する3つの問題

イソップ童話のひとつに、枝の束を折るという力自慢のコンテストをした村の話があります。他の挑戦者たちがすべて失敗した後、村のまぬけが束をほどいて、1回に1本ずつ折って、賞金を獲得しました。

喫煙という束にも3本の枝があると思います。私はそれらを1つずつ折るよう努めたいと思います。

（1）社会的な価値があるというコンセプト（潜在意識の固定観念［☜60参照］）

前にたばこを吸っていた人はみな、深く吸い込むことを学んだときに咳き込んだり青くなったりしたことを思い出すことができます。しかし、私たちはそこには価値があると信じているので耐え抜いたわけです。たばこを吸っている年長者はモテるとか、たばこを吸わなかったら意気地なしだとか、美しい映画女優はみんなたばこを吸っているとか、そういうことです。もし固定観念に背こうとすれば不安を引き起こすことを知っています［☜60参照］。私はこの考え（たいてい抑圧されているのですが）をまず最初に取り除きます。このことは、手の施しようのない喫煙者に対しては最重要課題です。私の友達に、受難節の40日間、断固として（左脳で）喫煙をやめて、40日間耐えることができた人がいますが、イースターの日曜にたばこに火をつけて、「神経が落ち着く」と言いました。

（2）ニコチン

ニコチンには化学的な効果がありますが、その効果は一般に信じられているほど嗜癖的ではないと思います。ニコチン・パッチを貼っている患者さんは、それでも頻繁に固定観念に背くことへの不安を経験しますし［☞93参照］、そのうち何人かはパッチを着けている間にも内緒でたばこを吸います。アドレナリンの次に、ニコチンは最も強い有名な興奮剤です。「神経を落ち着かせるのに興奮剤を服用します」というのは矛盾語法です。神経を落ち着かせるものが、固定観念に適応してしまっているのです。いったん、この固定観念を突き止めて取り除いたなら、私は患者さんに1週間普通のカールトン（たいていニコチンなし）に切り替えてもらい、患者さんが吸いたいだけ吸ってもらいますが、吸う前には軍医総監の警告を読んでもらいます。これによって身体からほとんどのニコチンが取り除かれ、喫煙をやめることによる化学的な副作用はほとんど生じません。ティンドルたち（2006）は、12、000人の喫煙者の研究で、「軽い」（低いニコチン量）たばこを吸っている人は、普通のたばこを吸っている人に比べて、禁煙しない人が50％以上も多いことに注目しているのは、とても興味深いことです。この発見は、化学的な嗜癖とは相容れません。

（3）習慣

催眠を用いれば習慣の変化は簡単です。3回目の面接で、個人用の自己催眠の録音をつくって、固定観念はもう役に立たなくなっていて、呼吸している空気は正常であり、患者さんは自分の成就を喜んで誇りに思うであろうという事実を復習します。私は1年経過時に化学的な試験を受けるようにすすめませんので、脱落率に関する実際のデータはまったくありませんが、手の施しようのない喫煙者の50％以上は立ち直れると信じています（Ewin, 1977）。

26

喫煙者は医師に嘘をつきます

喫煙者は、アルコール依存の人と同じように、医師に嘘をつきます。

喫煙に関連する疾病で治療を求めてクリニックに来談した、1,500人の患者さんを対象とする英国胸部疾患学会の研究（British Thoracic Society, 1983）では、血漿チオシアン酸エステルと一酸化炭素へモグロビンのテストを1年経過時に受けさせました。

これらの原文が示すところによると、たった10％の「高い動機づけをもつ」患者さんだけが禁煙に成功しました。そしてやめたと口では言っていた26％の患者さんは、喫煙を継続していることを証明するように、高いレベルの血漿チオシアン酸エステルと一酸化炭素へモグロビンの値を示しました。

催眠はこの研究では検討されず、ただブックレット付きまたはブックレットなしの医師のアドバイスやニコチンガム、偽薬だけでした。誰かが一年経過時の化学的研究をやってくれたら、禁煙に対する催眠の価値について**信頼できる**エビデンスにもとづいた統計量が手に入るでしょう。

痛み編

救急室では、訓練を受けた催眠療法家だけが、脅威にさらされている患者さんの自発的なトランスを用いて、**急性の**痛みを速やかに除去したり、出血をコントロールしたり、挫傷を減らしたり、恐怖を和らげたりすることができます。オフィスで活動する催眠療法家は、**慢性の**痛みに対応するのに最適です。炎症性の経過は、慢性の痛みに共通する原因です。痛みは炎症につきものの要素ですから、こうしたケースの場合は、涼しくなるとか、気持ちよくなるという抗炎症性の暗示が必要です。診断が心因性の痛みの場合は、ミルトン・エリクソンの金言である「症状は解決である」を思い出さないといけません。筋肉の痙攣の痛みは重症で、しばしば心因性です。いったん機械的・化学的な原因が除外されると、私たちの義務はより良い解決を見つけるように援助することになります。

27

患者さんに言っていることを信じなくてはなりません

トランス下の患者さんは、レーダーで見ているかのように、言行不一致と不確実性をとらえます。そして、私たちは信頼とラポールを失う羽目になります。時には、自分が言いたいことを自分が信じるために、自分の言葉を字義通りに構文解析しなくてはなりません。

慢性的な痛みを抱える患者さんには、「私たちはみな、永遠に続く痛みなどないことを知っています」という誘導を徐々に染み込ませます。死人は痛みを経験しないと仮定すると、もし治療がうまくいかずに（それはたまに起こります)、患者さんが結局は痛みを抱えたまま亡くなるとしても、字義通りには永遠に痛むことはないことを合理化できます。

私はかつてデモンストレーションの間にこのことをある身体障害になった患者さんに言いました。すると、彼女は泣きながらトランスから抜け出してきて、私をハグして、「私にそんなことを言ってくれた人は誰もいなかったわ」と大声で叫んだのでした。

28

あなたが必要なだけの快適さを手に入れるでしょう

これは痛みという言葉に触れない肯定的で良い暗示です。

また、痛みがまったくなくなるでしょうと言わず、どのくらい快適であれば十分なのかという疑問を提起します。私はこのことを、かつてのアメリカ臨床催眠学会の会長で、麻酔科医である、温かく穏やかなバーサ・ロジャーから学びました。

29 耐えられる

この言葉は、0〜10までのスケールを使って痛みを減らそうとするときに適した言葉です。

患者が8と答えれば、「その痛みの強さを耐えられるレベルに下げることに問題はありませんか?」と訊きます。観念運動が「はい」であれば、「7は**耐えられる**でしょうか?」と続け、「いいえ」なら、6、5、4、3と、観念運動で「はい」と答えてくれる数まで段階的に下げていきます。

「耐えられる」は数値ではなく態度ですから、私にとってはまったく耐えがたいと思っても、5で問題なく機能できる患者さんもいました。

30

いったんできることやするべきことがすべて果たされたなら、痛みにはいかなる価値もありません

セラピー中に、こんな風に言うことが明らかに正しいときがあります。

私はケイ・トンプソンからそのことを学びました。痛みは自然の大切な警報システムです、と患者さんに指摘します。

もし、熱いストーブの上に手を置いたら、痛みは火急の警告になります。もしそこで何もしなければ、組織に損傷を負うでしょう。でも、いったん手を引っ込めたなら、私が感じるいかなる痛みもそれ以上の価値はありません。ですから、痛みは消える必要があるのです。

炎症性の痛み

ケルスス〔訳注〕は、西暦45年に、炎症の4つの主徴（熱、痛み、発赤、腫れ）を私たちにもたらしました。患者さんは主観的な熱と痛みに気づきますし、医師は客観的な発赤と腫れを見つけることができます。

抗炎症性の暗示は主観的な要素のみに用いる必要があります。「関連する部分が涼しく、気持ちよくなるのに任せましょう」で十分です。

診断のなかの"itis"という接尾辞は、炎症性の障害（例 関節炎（arthritis）、血管炎（vasculitis）、脊椎炎（spondylitis）、蜂巣炎（cellulitis）、気管支炎

◆訳注
古代ローマ時代の医学者。

(bronchitis)）を示しています。これらの多くは、炎症嚢へのステロイド投与や急性の痛風性関節炎へのコルヒチンのような特異的な治療に反応しますので、適宜、治療されるべきです。それでもなお、ほとんどすべての炎症性の痛みの症候群は、催眠によるストレス解放や涼しく気持ちよくなるという直接暗示によって改善することができます。これは特に火傷においては有効です。最初の火傷の痛みだけは熱傷から来たものですが、長期間の**背景**的な痛みは炎症性のものです。

32 持続性の痛み

私の経験では、持続性の痛みはほとんどいつも心理的なものです。ほとんどの身体的な痛みは、薬や休息、睡眠、姿勢調整などによって一時的に軽減することができます。

患者さんが、たとえ睡眠中でさえも痛みは「決して去ることはない」とか「いつもそこにある」と言うときには、「それとともに生きているんです」という言葉に耳を澄ませます。これは潜在意識が痛みと人生を混同していることを示していて、生命なしで5分もいられないのと同じように、痛みなしでは5分といられないということなのです。

生育歴聴取では同時に3つのことを探ります（ユーウィンの三大要素）——（1）死の恐怖を伴う生命を脅かす出来事、（2）脳震盪や薬物、麻酔などからの精神的な混乱（無力感）、（3）痛み。潜在意識のレベルでは、痛みが長引くほど、その人はまだ死なずにすむのです。私は持続性の痛み症候群とそれを軽減する催眠テクニックについて書いたことがあります（Ewin, 1980, 1987）。

33 筋痙攣性の痛み

筋痙攣性の痛みは非常に重症になることがあります。筋肉のリラクセーションを伴う良好なトランス下では一時的に解消されますが、トランスから脱け出るとしばしば再発します。

ジョン・プルーサックは、トランス下ではすっかりリラックスするのに、数を数える覚醒のテクニックに移ると即座に再発する、重症の斜頸を患う患者さんの驚くべきビデオを所有しています。最終的に、彼は「あなたの潜在意識のこころが自分の首の筋肉をちょうどいいぐらい快適にリラックスさせつづけられるとわかったなら、目が開いて完全に目覚めた状態で戻ってこられますよ」と暗示しています。選択は、良くなるか、永遠にトランスにとどまるかのどちらかです。結果、それは成功しました。それで私は、筋痙攣性の痛みがある患者さんには、こんな風なダブルバインドの覚醒暗示を用いています。

よくある筋痙攣性の痛みに、足や脚の「夜のこむら返り」があり、たいていは高齢者に見られます。私はこれは、通常は寝ている間に起こるアセチルコリンの放出に関係があると信じています。これは目を覚まして床を歩くことで収まってしまいます。保険適用外ですが、私ははるか昔に、処方箋なしで買える25mgのベナドリル[訳注]が、目覚めや歩行なしに5～10分でこの痛みを収めることを知りました。

◆訳注
抗ヒスタミン剤のひとつ。

技術編

私が外科医としてのトレーニングを始めたとき、指導医がすすめてくれた最初の本は『外科のエラーと予防策』と題されていました。私たちは過去に起こってきたエラーを繰り返す必要はありません。Primum non nocere、何よりも害さないことが一番です。良い技術は私たち自身の経験や「そこにいてそうした」ことがある人から聞くことで得られます。避けるべきことや言うべきこと、言うべきとき、言い方などがあります。催眠は他者との共感的な関わり合いです。患者さんやクライエントさんと交流するとき、私たちは声のトーンや語彙の選択、何に共感するか、タイミングなどをつかんでいきます。

34

満タンの膀胱

アレクサンダー・レヴィタン（私信）は、患者さんかセラピストのどちらか一方でもおしっこをする必要があるときは、決して誘導を始めてはいけないと指摘しています。

文明社会で最も早期のトレーニングは、「パンツを濡らすな」です。これは潜在意識のこころに強烈に埋め込まれ、膀胱がいっぱいになるにつれて、トランス下で行われている潜在意識の他の仕事を徐々に妨害しはじめます。

35 誘導

催眠誘導の技術はたくさんあります。共通しているものは何でしょうか?

私にとっては、催眠誘導の技術すべてが左脳の意識的な論理を遮断して、**空想にふけるようシフトする**(良かれ悪しかれ想像したもの、または情動的な状態に)のを助けるもののように思えます。

目標は、意識的な論理から解離された状態になること、注意集中を伴う「変性意識状態」となることです。そのなかで被誘導者は批判的な検証が減少して、暗示に対してよりオープンになります。催眠感受性は測定可能な特性で、直接暗示はこの特性が高い人にとって最もよく効いてくれるとしても、潜在的な痕跡を観念運動で**分析する**のに十分な程度にトランス状態に入る能力は、ほとんど誰にとっても普遍的であるようです。

- 意識的なこころの**混乱**は、それを遮断するだけで和らげられます。ミルトン・エリクソンは、混乱技法［訳注］を用いて、即座に目を開けたままトランスに誘導することができました。
- 斜め上方向の**凝視**は、弱い挙筋の眼瞼筋を疲れさせ、最終的には疲労から目が閉じます。催眠者が誘導したから目は閉じていくのだという不合理な考えが、意識的な論理の放棄を示唆しています。
- **アイ・ロール**誘導はユニークな方法です。目を閉じて、眼球を上に向けると、数学的な問題や論理的なことを考えることがほぼ不

◆訳注
正反対の意味をもつ言葉を配置させるなど意識的なこころを混乱させるように話すことで、催眠への誘導を容易にするテクニック。

可能になります。それはこころを空っぽにしたり、観念運動で自己分析をしたり、あるいは自身の夢を分析したりできる瞑想状態へ即座に連れていってくれます。

- 揺れる時計や明滅するライト（特にアルファ波のリズムで）、軍隊の太鼓の音のような**反復性の無意味刺激**は、論理的な考えや注意をまったく必要としません。そのため、一切論理的な考えを必要としないトランス様の状態に導いてくれます。一日を終えて、眠りにつくために羊を数えるのはとても可笑しいものですが、伝統的にうまくいきます。単調な言語的反復も同じ働きをします。退屈な講義は白昼夢に導きますし、教会で献金皿を回すのに最適なタイミングは説教の直後です。メッセージに感銘を受けたか、居眠りへの罪の意識を感じたかのどちらかでしょうから。
- **後倒**による誘導は、ほぼ即時にトランスに入れることができるため、舞台催眠術師によってよく用いられます。「あなたの身体が板になって、傾いて立っていると想像してください」と頼むと、素直な志願者はあっという間に空想にふけり、左脳の論理を遮断します。

• **トラウマ**――自然の第一法則は自己保存です。生命の危険にさらされていると知覚すると、他に重要なことは何もなくなります。恐怖はすべての情動のなかでも最も強いものです。私たちは緊急時に即座に論理を落としてしまい、自動的になってしまうので、事前に避難訓練する必要があるわけです。あらかじめプログラムされていた逃避計画のおかげで、10階の窓から飛び降りてしまうような自暴自棄の手段を避けることができるのです。

36 最初の誘導はダブルバインドで

催眠に入っているかいないかについて、患者さんと議論することは好ましくありません。

私は、最初の誘導を質問から始めることにしています。「あなたはこれを妨害するのに何を一番やりそうかご存じですか?」。「いいえ」。「あなたはがんばりすぎているようです。そうでなければ、私がこれまでに担当した患者さんのなかで最も良い患者さんになろうとしているのかもしれませんね。上手にやっているかどうかを気にしないでいてほしいんです。

それに、そのことを確かめようとするのを**とめてほしい**んです。なぜって、トランスのなかにいるかどうかを確かめようとしたら、トランスの外側にいないといけないですから。ですから、私があなたにお願いすることだけをして、ただそれが起こるままにしていてください」［☞5参照］。

それでも患者さんが自分は催眠に入っていないと一貫して断言するなら、同意します。その人が知っている唯一の方法は、問題に注目して、確かめることだからです。そこで私は「もちろん、入っていませんよ。あなたは確かめていたんですね、私があなたに言ったことのどちらが成功を妨害するかを。次回は、気にしないようにしたら何が起こるか確かめることができますし、ただ私がするようにお願いすることだけを行うこともできます。その一方で、ちっともトランスに入らないまま良くなったって、困ることは何もありません。もちろんもっと治療に時間がかかって、私がもっと儲かる以外はね」と言います。

37 インテークの質問はGoogleみたいなもの 間違った検索語を入れると役立たずな答えが返ってくる

アメリカ英語でanesthesia［訳注］とGoogleで検索したら、10、900、000件ヒットしました。同じ日に、イギリス英語でanaesthesia［訳注］を使ったら、3、080、000件ヒットしました。

トランス下では、患者さんは自分の人生を描く方法を描写するような

◆訳注 麻痺の意。

◆訳注 同じく麻痺の意。

言葉に対して、とても字義通りの意味を割り当てる傾向があります。このため、私は注意深く言い表されたインテークを工夫するようになりました。それによって、患者さんの無意識の内容に最大限の手がかりを喚起することができるからです。言い回しはEwin & Eimer（2006）の25ページに載っています。

38 患者さんの名前は情緒を帯びています

新しい患者さんには「友達からどう呼んでもらうのが好きですか？　私もそう呼んでもいいですか？」と訊きます。私はやや親密な質問をするつもりでいるのですが、このことは「私は友達だと思われたい、友情の輪に入る許可を得たい」という間接的な暗示となります。実に多くの人が与えられた自分の名前を好まないばかりか、「友達」が呼ぶあだ名でさえ好まないことに驚かされます。

ここで大切なのは発音です。私はイギリスでKathleenという名前の医者とデモンストレーションをしました。彼女は最初の音節にアクセントを置く英国式を好んでいました。私はうっかり最後の音節にアクセントを置くアイルランド式を使ってしまいました。後々になるまで自分が何をしでかしたのか気づかなかったにもかかわらず、ラポールが失われたのを**感じる**ことができました。当時、ＩＲＡがイギリスを爆撃していたのです。もちろん、私のデモンストレーションも焼け野原になりました。

インテークの最後の質問の重要性

39

私のインテークの最後の質問は「私が知っておくべきだとお考えのことが、他にも何かありますか?」です。もし患者さんがそれについて何か答えたら、間違いなく患者さんは私に大事な問題を話しているということです。

これはまるで無意識が「あなたが正しい質問をしなかったから、私が何が問題かについて話しましょう」と言ってるかのようです。答えが「ありません」だったら、患者さんがすでに大事なことは話したと感じているので、私は良いメモを取ったのだと思います。たとえそれが、好意からの一言だったとしても。

40 一度に一つの問題

患者さんはしばしば多様な不平・不満をもっていて、時にはリストに書いて持ってくることさえあります。

催眠分析をする際にこれが起こったら、「今日、問題を一つ解決できるとすれば、どれがいいですか？」と尋ねます。答えは、患者さんの心の筆頭にあるもので、まずはそれに全力を注ぐべきです。

私にとっては最重要と思えないこともよくありますが、それを解きほぐしていくと、たいていは他の問題がうまくいったり、少しは重要度が減ったりするものです。

起毛テスト

41

すべての毛の細胞には小さな筋肉があり、起毛筋と呼ばれます。これは、防衛の際に「総毛立つ」ときに、ネコの毛を逆立たせるものです。

私は、新しい患者さんにインテークをするとき、自分の首の後ろの毛が逆立っていたら、その患者さんに催眠はしません。このことは、私が患者さんを好きではないことを意味しているからです。お互いにとって最善なのは、他のセラピストにその患者さんを紹介することだと思っています。

42 長時間治療の価値

催眠療法のこの強力なやり方の価値について教えてくれたのは、ヘレン・ワトキンスです。新しい患者さんのインテーク面接をしたときは、ありとあらゆる下位意識の記憶や連想、感情がスキャンされ、新鮮な状態にあります。このときにセラピーを続けるほうが、週に1回の面接よりもよほど生産的です。

連続して4〜6時間の面接時間を設定すると、成果は決まって良好で、結果的に時間も節約できます。鉄は熱いうちに打て！　少なくとも、最初の面接では2時間を充てて、短時間でも自我強化の暗示を伴う誘導［☞24参照］を行います。

43 年齢退行から実際の日付に戻る

患者さんが本当に退行して、現在の時制で除反応［訳注］が起こったら、「今日に戻って」という暗示では除反応は終わらない可能性が高いでしょう。というのは、「**今日**」というのは患者さんが退行した日だからです。それは、混乱を引き起こします。

日付は特定されていなければなりません。「さあ、今日に戻ってきましょう。今日は２００９年の11月12日です。ここは私のオフィスで、安全と安心を感じています」と言いましょう。

◆訳注
一般に、抑圧されていた苦痛を伴う感情が面接中に表現されること。治療的に働く場合も、そうでないこともあります。

44 健忘は無痛のテストです

患者さんが数を逆唱しているうちに、数字が数えられなくなる程度に十分トランスが深まったら、切り傷を縫ったり、脱臼を入れ直したり、ねんざした骨を整骨したりするのに十分な無痛暗示を与えられるくらいに深い状態です。

不随意の筋肉の痙攣はねんざの低減に抵抗します。催眠によるリラクセーションが治療を後押ししてくれるでしょう。私は手首のコーレス骨折[訳注]の血腫に、たいてい局部麻酔を注射します。そのほうが私が心地よく感じられるからです。

◆訳注
手関節の背屈による骨折。

45 潜在意識の問題を意識化する

症状を処方しましょう。「がんばってチックをやりつづけてみてください」。これは「**がんばる**」[☞5参照]という言葉の恩恵を受けています。前には無意識的な運動活動であったものが、今では意識的な問題になっています。もちろん、意識的にそんなことをするのは馬鹿らしい場合を除いて。

私には、フレンチ・クォーター[訳注]の住人でペアの患者さんがいます。2人は、それはそれは丹念にあつらえたマルディグラ[訳注]の自作の衣装に袖を通せないいんじゃないかと心配しています。2人は12月の最初に来

◆訳注
ニュー・オリンズで歴史のある地区。

て、休日の間に体重が増えるのを恐れています。私は2人に、パーティーに行って楽しみ、少々体重を増やしてもらうように言います。そして、1月2日に戻ってくれば、体重をコントロールできると伝えます。驚くことなかれ、次の訪問時にはたいてい1~3ポンド減っています。特別な努力もせず、潜在意識的に飲み食いをコントロールしています。何かを奪われたと感じることもありません。

◆訳注
謝肉祭の最終日。

46

患者さんに自分なりの洗脳をさせてあげる

フレッド・エバンス（1989）は、彼が文字通り「洗脳」と呼ぶ面白いテクニックを報告しました。私は、奇妙な症候群の長いリストを持って来談した患者さんにこれを使って、良好かつ迅速な成果を得てきました。

こんな風に言います。「あなたは自分でも整理整頓できないようなガラクたを、脳のなかに蓄え込んできたようです。脳を洗って、きれいな状態からスタートするっていうのはどうですか？」。続けて、トランスのなかで、頭の周囲にジッパーを思い描いてもらい、それを開けて頭蓋骨を開くと、そこにはそれはそれはひどい状態の醜い汚い脳があります。私はそれを優しく取り出して、適温の水の入ったバケツに入れておき、頭蓋骨の底をシミひとつなくピカピカになるまでホースで洗い、続いてバケツに入れます。脳はものすごく優しく扱います。どれくらい繊細なものかを知っているからです。柔らかいスポンジと中性洗剤を使い、コットンの綿棒で脳回をきれいにします。そして、頭蓋骨のなかに戻して、ジッパーを閉めます。それから、私たちは本当に問題となる問題を一つ取り上げて、それに取り組みます［☞40参照］。

その後、私はあることを学びました。ある患者さんは、「本当に掃除をするということがどういうことか、あなたは何もわかっていない。結果は散々でした」と言いました。そこで私は、「どうするのが正しいのか教えてください」と言い、彼を連れ戻して、自分で掃除してもらいました（空想のなかで）。彼はワイヤー・ブラシと強めの洗剤を少々取り出して、熱いお湯を使って、自分の脳と大格闘しました。彼はがらくたの多さに疲れ果てました。その作業に集中している間、私はただ黙っていて、ごしごしこすって洗い落とし終わったら、うなずくように頼みました。洗い終わった脳が元の位置に戻され、頭蓋骨は閉じられました。とてもうまくいって、その患者さんは目覚ましい回復を見せました。それ以来、私はつねに、患者さんに自分で掃除をしてもらうようにしています。

47 笑いは免疫を強くする

自己免疫疾患（狼瘡、関節リウマチ、乾癬など）は、薬物で治療することが最も難しい慢性疾患です。ストレスはそのほとんどの発生に関わっていて、ストレスを取り除けばたいてい寛解に至ります。免疫機能を抑制する薬は強力ですが、たいてい危険な副作用があります。私たちは感染から身を守るために健康な免疫系を必要としていますから。

催眠分析によって特異的なストレス緩和をすることも可能ですが、あまりにも見過ごされてきた普遍的で非特異的な救済法があります。笑いです。ノーマン・カズンズは自分の強直性脊髄炎をユーモアと、ストレス・ビタミンであるビタミンCで治癒させました。彼の短い本『笑いと治癒力』（Cousins, 1979）は、癒やしに関わる専門家であれば誰にとっても必読書です。ユーモアについて本気になると多大な見返りがあります。

40 笑いの国

催眠下のイメージで、「安全な場所」や「特別な場所」「幸せの場所」を探すことはありふれたやり方です。これらはすべて、ある程度保護的で、内的で、自分を落ち着かせるものです。笑うことはもっと共有されている活動で、私たちを自分自身の外に連れ出してくれます。現実の微笑みは目に始まって（外を見ます）、温かさという利他的な感覚を投影します。それは私たちがペットや子ども、愛する人にほほえみかけるときに感じるものです。

長年、私が良い成果を得てきた方法のひとつに、火傷の患者さんに私が全部をやり終える間「笑いの国」に行っておいてもらうように仕向ける方法があります。ディズニー映画の『南部の歌』で、ブレア・ラビットは「誰にでも笑いの国がある」と歌っています。彼はイバラの茂みで「生まれ育ち」ました。そこでは何ものにも煩わされず、何ものにも邪魔されません。

49 患者さん自身の言葉を使う

これは右脳の絵画の下にある左脳のタイトルです［☞58参照］。彼が「私はくちごもる」と言ったら、それは彼にとって「どもる」とは違います。たとえ私がそれらは同意語だと思ったとしても。もし、彼が「吐く」と言ったら、「戻す」とか「上げる」とかについては訊きません。もし彼の頭痛が「ぶん殴られるみたい」だったら、それを偏頭痛であると再定義したりはしません。どのくらい「ぶん殴られる感じ」がありますか？ とか、何が「ぶん殴られる感じ」をもたらしますか？ と尋ねます。彼にとって「偏頭痛」は、何か他の人がもつ症状のようなものなのでしょう。

50

あなたは私のために祈り、私はあなたのために祈るのです

これは、毎日良くなるために祈っていると言う信心深い患者さんを治療するときに価値のある方略です。たくさんの祈りを捧げた後に何ひとつ起こらなかったので、患者さんは治療を求めて私のオフィスにいるのです。

自分自身について祈るとき、私の下位意識のこころは、神様が私の願

いを叶えてくれない理由を合理化します。なぜなら、多くの罪があるからです。でも、誰か他の人に祈るとき、否定的なフィードバックを受け取ることは一切ありませんし、何か良いことが起こるだろうという期待を感じます。そこで、私たちは何か違うことをしましょうと暗示します。こんな風に言います。「神様はいろいろと働いてくれています。よかったら、違うやり方で神様に働きかけてみませんか？　自分自身について祈る代わりに、神様が**私に**、あなたを癒やす手段になるような知識や理解、知恵を授けてくれるようにお願いするんです。私はあなたのために祈ります。そして、あなたは私のために祈ることができます」。

ただし、これには注意が必要です。なぜなら、「ルイジアナの力と光」[訳注]に接続するようなものだからです。それは強力で、私は**完全に**頼りになる存在でなければなりません（神様のように）。私はこれを真剣に行い、祈る対象のリストに患者さんを含めます。つまり、その患者さんは特別になるのです。おそらく、私はこうした患者さんたちの苦しみの

◆訳注
「ルイジアナの力と光」は、ルイジアナ州の電力会社の名前です。メタファーはとても強力なコミュニケーションで、あたかも神様にホットラインをつなぐようなものなので、電力と神様の力と光を同一視しているジョークだと思われます。

本質についてより深く反芻します。結果は時に、明らかに「奇跡的」なものになります。

51 何かが私を煩わせたら、患者さんもかき乱されるでしょう

アメリカ合衆国において医学の父として知られている、ジョンズ・ホプキンズ大学のウィリアムス・オスラー卿は、こんな風に言いました。「内科医や外科医におかれては、不動心に比肩する特質はない……それは、あらゆる状況における冷静沈着、嵐のさなかの静けさ、由々しき危難の瞬間における判断の明晰さ、動じなさ、平然……無感情を意味する」(Osler, 1905)。

私のオフィスはストリート並みにうるさいので、肯定的な暗示を誘導のなかに含めることを学んできました。「私の声の音**だけ**に注意を向けてください。聞こえている他のあらゆる音は背景に行ってしまい、とても心地よくなります。そしてただ深く深く入っていくのを助けてくれます。あなたと私が自分たちの仕事をちゃんとやってる間に、世界のほうは世界の仕事をちゃんとやっていることに気づくと、元気になりますね」。

私が体験した最も深いトランスのうち何回かは、道の反対側にビルが建っているときに起こりました。杭打ち機が大きな「ドシン」という音を立てると、一撃ごとにビルが揺れました。私の応答は、「ハンマーが打つといつも、もっと深く深くあなたを連れていってくれるでしょう」というものでした。それで、私は深化に時間を費やすことなく、セラピーに時間を使うことができたのでした。

52 指の信号は患者さんがもっと真の感情に気づくようにします

気づきとは、「意識している」という意味です。情緒的な病気のいくつかは、真の感情を抑圧することで起こります。患者さんはしばしばそれらに気づかなかったり、認めたがらなかったりします。

観念運動反応を使うとき、私は触覚のフィードバックを与え（指に触れて、優しく下へ押し下げます）、そして言語的なフィードバックも与えます。「そうです、答えは……」と。未知の、または意識の水準では受け入れがたいと思っていた潜在的な否定的・肯定的感情があるのを認めると、患者さんはびっくりするかもしれません。でも、それが率直なので慰められますし、率直に扱ってもらうことができます。「そして、あなたがたは真理を知り、真理はあなたがたを自由にします」（「ヨハネによる福音書」第8章32）。

53 つねに期限を追加する

もし無期限に続いたら問題を引き起こすような暗示には、**つねに期限を加えましょう**。無痛は「それが癒えるまで」、または術後、「あなたが必要とする期間だけ」しか続いてはいけません。

首の骨折で6週間の牽引中、骨は治ってきたのに、首の副え木で上体を起こすことができない患者さんを見てほしいと頼まれたことがあります。彼女が起き上がろうとするたびに、拷問のような痛みが起こり、すぐに元通り横になるしかありませんでした。トランスのなかで彼女の治療を振り返っていると、入院中に頸部牽引をしているとき、整形外科の研修医に「どんなことがあっても、この牽引を外して起き上がってはいけません。一生寝たきりになる可能性がありますよ」と言われていたことが判明しました。彼女はそのときトラウマによる催眠様の状態にあったので、後催眠暗示のように文字通りそれを受け取ってしまいました。私にできることは、このように言って、期限を加えることだけでした。「それは当時は良い考えでしたね。でも今はそこは癒えているので、ゆっくり起き上がっても大丈夫です」。もしその研修医が、「**私たちがあなたにいいと言うまで**起き上がらないでください」と言って、期限を加えてくれていたら、何も問題はなかったでしょう。

入院前の暗示

54

病院では、意図しない結果を招くようなありとあらゆることが言われます。回復室に行くとナースがこう言っているのが聞こえるかもしれません。「起きてください、ジョーンズさん、もう**すっかり終わりました**よ」。もし彼が怖がっていたり、悲観的に解釈したりする人だったら［☞64参照］、彼が聞くべきものはこんなセリフではありません。私なら、その患者さんにこう言います。「ジョーンズさん、医師のユーウィンです。あなたの手術は**完了しました**よ。もう大丈夫です」。私たちは言葉に正確でなくてはなりません。

アレクサンダー・レビタン医師は、「誰かが何か役に立たないことを言ったら、中国語（または彼らが理解できない言語なら何でも）で言ったかのように放っておきなさい。それは何の効果ももたないでしょう」と暗示するように教えてくれました。

私は、手首のドケルバン病［訳注］から解放されたいと願う家族の一員に、手術前にこの暗示をしました。麻酔医は、「自分の叔父がこの手術を受けたんだけど、結局は親指を切断することになったよ」と言いました。幸いなことに、彼女はただ微笑んで、即座にそのコメントを理解できない中国語に翻訳してしまいました。

人々が「あなたは本当に幸運ですね……（死んでいないし、脚も失っていないなど）」と言って安心させることは、よくあることです（いわゆるヨブの慰安者）［訳注］。そんなことでは、誰も幸運を感じません。患者さんが最も安心を必要としているそのときに、ただ破局的な考え方を埋め込

◆訳注
狭窄性腱鞘炎。手首の親指側が痛んだり腫れたりします。

◆訳注
慰めるふりをしながら余計に悩みを深める人。

んでしまうだけです。それは中国語で聞かされるべきです。

否定的な期待（ノーシーボ）は、検証されずに受け入れられやすい傾向があり（本能的な自己防衛）、プラシーボを打ち負かしてしまいます。肯定的な期待が受け入れられるためには、最初にある程度の教育が必要です（Colloca et al., 2008）。

55

具体的な質問は、しばしば間接暗示のように作用します

誘導尋問によって偽記憶を埋め込む危険性があります。

マーティン・オーンは催眠に関するＢＢＣのドキュメンタリーでこのことを立証しました（Orne, 1982)。

催眠におけるあらゆる質問は開かれていて、一般的であるべきです。「何が起こっていますか？」「それから……？」等々……。

56 広範囲な覚醒暗示を使って暗示に対する遅延反応を避けましょう

遅延反応はよく報告されてきた現象で、トランス中に与えられた望ましくない暗示を取り除かないことで起こる危険のひとつです。後催眠暗示に対して**即座に**反応しないからといって、効果がまったくなかったことを意味しているわけではありません。アンドレ・ワイツェンホッファー（1957）は、自著のなかで、スタンフォード催眠感受性尺度を施行されて、目に見える効果はまったくなかったのに、翌朝目を覚ましたときに部分的な麻痺が起こっていたケースについて報告しています。私は、アメリカ臨床催眠学会編集長宛の刊行された書簡に、遅延効果のあった3ケースについて記しました（Ewin, 1989）。以来、私は包括的で、一掃する覚醒暗示を使うようになりました。「私が3つ数えると、目を開けて、完全に覚醒して、心も身体もしっかりして、感情もコントロールされた状態で、戻ってくるでしょう。1（間）、ゆっくり目覚めていきます、2（間）、3」。「3」で調子や声量を増やすと、完全な覚醒への変化は効果的になります。リチャード・クラフト（2007）は、完全にトランスを終わらせることの重要性と、そのことを軽視することの危険性を強調しました。

私の前提は、患者さんがトランス中に一つの暗示に反応できるようになったら、患者さんは、こころもしっかりして（まぬけではなく）、身体もしっかりして（いかなる望まない運動・感覚的除反応はなく）、感情もコントロール下にある（情動的な惨状にあるのではなく）くらい暗示可能だということです。

何でも知恵袋

医学校では、鋭い洞察や賢明な抜け目のない眼識を「知恵袋」に分類してきました。時には、単なる哲学的な考えのこともあります。容易には分類できないことが多いのですが、収集の価値がありました。このセクションでは、観察や洞察、思考などをある程度ランダムに含めました。これらは、日々の実践のなかで催眠の概念を用いる医師としての人生で、私の経験に影響を与えたものです。おそらくこのセクションは単に「知恵袋」と分類されるのがふさわしいでしょう。

左右脳機能にノーベル賞を

57

ロジャー・スペリー博士は、2つの大脳半球の機能差についての研究で、1981年にノーベル賞を受賞しました。**臨床的な経験**では、良質なトランス中に左脳機能は漸進的に遮断されることが証明されています。発話は左脳機能です。トランス状態の被験者は普通は発話を**開始すること**ができず（ただし、答えますし、指示されたことは話します）、普通の論理はトランス論理に取って代わられ、時間を計測する感覚は失われ、分析的で段階的な感覚は、全体的で比喩的で直感的（右脳）な情報処理に切り替わります。

臨床では、このことは、非言語的な（右脳の）観念運動を用いた質問を行っているときに患者さんに何が起こっているのかについて理解させてくれる知識であることに気づきました。ほとんどの左脳機能が学習されたものなので、子どもは切り替えるべきものをそれほどもっていません。左脳機能は完全にはできあがっておらず、子どもは容易に白昼夢やトランス様の状態に生きています。動物たちは2つの右脳があるかのように機能します。

もちろん、私たちは催眠がスペリーの研究が示す以上のものであることや、尊敬されている科学者たちの意見が催眠の真の本質の詳細にわたるまでずばりと一致しないことは意識していなければなりません。それでもなお、患者さんと働く一人の臨床家としての私にとって、催眠はシンプルな概念です。私は、からくりやエレクトロニクスをあまり理解していなくてもクルマを運転することができますし、私のオフィスに来談されたほぼすべての患者さんを治療することができます。それでも時にはクルマは整備士に見せなければなりませんし、時には患者さんはもっと知識のある医師に紹介されなければなりません。

58 左と右はタイトルと絵柄です

スペリーの研究は、左脳は言葉で、右脳は感覚（主に見える、聞こえる、動く、NLPを知っている人なら誰でも知っていますよね？）で、入ってくる同じ情報を処理していることを示しています。

右脳は情報を視覚化し、左脳はその下に言葉で描写するタイトルをつけます。オックスフォード大学のデヴィッド・ペダーセンは、トランス下で患者さんの左脳機能が抑制されると、催眠者の声が、右脳に対する左脳の言語入力の代役になることを理論化しました（Pedersen, 1994）。彼はこのコンセプトが臨床上いかに有効かについて強調していますが、私もまったく同感です。

59

解離は連合を要求する

心理学で、解離という単語を理解するのは私にとっていつも難しいものでした。というのも、患者さんが何から解離されているかを教えてくれた人は、これまで誰一人いなかったからです。最初に何かとつながっていなければ、解離することはできません。人が解離されるときには左脳の機能が遮断されることがクリアになった瞬間、私はこの単語の意味がわかりました。

60 固定観念（ピエール・ジャネのidée fixe）

後催眠暗示や刷り込みを与えられた人は誰でも、揺らぐことなく固定観念に規定された行動をします。不安を経験するという犠牲を払ったときだけ、固定観念に背くことが可能です。

恐怖症は固定観念です。催眠中に退行を用いてその起源を特定することで、もっと良い考えにリフレームすることができます。

61

強い情動は人を覚醒暗示に対して脆弱にします

私の患者さんに、ヒステリー性の麻痺症状を示す人がいますが、この人は工場の事故で指先を失いました。彼は労働者ではなかったので、とても狼狽していました。彼は地元の大学で音楽を教えはじめる前は、ただのパート・タイマーでした。閉創はきつく、整形外科医は彼に「指を曲げてはいけません。縫い目がほどけてしまいますよ」と言いました。

抜糸から3カ月経っても、彼は指を曲げることができませんでした。手術時に退行したとき、執刀医が何と言ったかを知り、その暗示を除去し、縫合はすでに終わって傷は癒えたことを指摘しました。彼はすぐに最大の可動範囲を取り戻しました。情動状態はトランス状態と同じように注意を集中させてしまうので、そのときに述べられたことが後催眠暗示のように作用することがあります。

今際の際の願いに接したときの強い情動は、それを受けた人に後催眠暗示のように作用します。それは固定観念になって、万難を排して実行されることになりかねません。詩人のロバート・サーヴィス（1940）は、有名な「サム・マギーの火葬」の詩のなかで、「交わされた約束は、未返済の借金だ」と言いました。友達の今際の際の願いを果たそうと一生懸命になる、長い物語です（☞62［法則Ⅳ参照］）。

セラピーでは、あるアイデアを取り入れることが可能なら、取り除くことも可能だということを私たちは知っています。正確な診断は、除去したい暗示を特定するよう要求します。出来事への退行や、そのときは名案だったけれど今では役立たずになっていることをリフレームすることで、強い情動を感じているときに始まった問題は解決されるでしょう。

62 クーエの法則

エミール・クーエはフランス人の薬剤師で、1900年前後にナンシー学派のリエボーの下で催眠を学びました。彼は自己催眠の父と言われ、「毎日、あらゆる面で、私はもっと良くなっていく」という古典的な自己暗示をもたらしてくれました。彼はまた、時の経過に耐えてきた5つの法則をもたらしてくれました。

I　逆努力（逆効果）の法則——あることができないと恐れていると、努力すればするほど、うまくいかなくなります。実際、その人は自分が望むことと正反対のことをする傾向があります。私はこれを何度も見てきました。不眠、成績の良い学生が試験に落ちる、インポテンツなどがそうです。そんなにがんばらなければ、自然に解決します。

II **主要効果の法則――**意志（左脳と訳します）と想像力（右脳と訳します）**が一致しないときは、例外なく決まって想像力が勝ちます。**私が治療するほとんどすべての恐怖症でこのことが見出されます。エレベーターに乗ることはとても危険であるとイメージすると、左脳の論理がそうじゃないと言ったとしても、エレベーターを避けるために10階分の階段を歩く羽目になるでしょう。

III **注意集中の法則――**考えは、**可能性があればその範囲内で現実化する傾向があります。**日常生活のなかでの選択は、考えの現実化を好む傾向があります。少年だったジミー・カーターが大統領になるのを夢見ていた読み物を思い出します。彼はアナポリスに地位を求めてそれを得ました。そして、家族のなかで唯一、大学教育を受けました。その後、政治の世界に飛び込み、ジョージア州の知事になり、ほとんど無名の大統領候補になり、そして大統領の座を勝ち取りました。彼の考えは現実化したのです。

IV **予備情動の法則——暗示の強度はそれに伴う情動に比例します。**考えは、いかなる情動も伴わなければ、ほとんど力をもたないまま潜在意識に行ってしまいます。強い情動があると、特に恐怖が伴っていると、考えは強固に下位意識に固定されます。ハーバード大学のヘンリー・ビーチャーは、プラシーボを研究し、ストレスが強まると、プラシーボの効果が増すことを発見しました（Beecher, 1956）。

V **自己暗示の法則——暗示は、自己暗示に変容する条件を提供するにすぎません。すなわち、最も深い自己に受け入れられることです。同じ出来事でも、暗示を受ける被験者によって異なる効果が生まれ**

ます。言い換えると、すべての暗示は自己暗示であり、被験者は新しい考えを受け入れる（自己暗示する）か却下するかという選択肢を依然として有しているのです。だからこそ、観念運動でワークするときに「○○してても構いませんか？（生まれたときに戻っても？白い光を訪れても？　すぐにタバコをやめても？）」と尋ねることが賢明なのです。「はい」という答えは、患者さんが熟慮したものを受け入れようと開かれていることを意味し、「いいえ」という返事は今はその話題から降りたほうが賢明だということを意味しています。なぜなら、やっても何も起こらないからです。

クーエは、自分は決して誰も癒やさなかったと断言しました。「私は方法を教えます。自分自身を癒やすことができるのはあなたなのです」。

63 悲観的な解釈の法則

デヴィッド・チークはこう言います。「文章が楽観的にも悲観的にも解釈しうる場合、**恐れている人**は悲観的に解釈するでしょう」。これは知覚された危機からの保護です。茂みがゆらゆら揺れたのを見て、ライオンかもしれないという恐怖で（悲観的に）走り去るレイヨウは、イボイノシシだろうと思って草を食みつづける個体よりも、生存確率（自然選択）が上がります。お化け屋敷でキーキー言う音は、さび付いたドアが閉まる音でも、幽霊がいる証拠のどちらでもありえます。すでにあなたが怖がっていたら、それは幽霊でしょう！　患者さんの多くは、自分の健康に不安がある状態で来談されますので、どんな不正確な陳述に対しても悲観的に解釈しやすくなっています。

レーガン大統領が肺を狙撃されたときに、私は『ロサンゼルス・タイムズ』である記事を見つけました。そこには、外科研修医が「This is it!」[訳注]と述べたとありました。レーガンは青ざめて、話すことができなかったので（挿管されていました）、ナースに殴り書きをしました。「どんな意味で言ったんだ？」。

医師から「あなたは病気と一緒に生きていくことを学ばなくてはなりません」とアドバイスされた、かわいそうな怖がっている患者さんは、とても気の毒なことになります。これを字義通りに（悲観的に）取ると、それなしでいる唯一の道は死ぬことです。私はセラピーで、その暗示を取り除き、「それなしで生きて悪いことは何もありません」というものに置き換えることに多くの時間を費やしてきました。私たちは、怖がっている患者さんに悲観的な解釈をされないように、正確な言葉遣いをしなければいけません。

◆訳注
"This is it"には多くの意味があり、外科研修医は「もう一踏ん張りですよ、ここが正念場ですよ」の意味で言ったのに対して、レーガン大統領は「もうダメだ、いよいよ臨終の時が来た」と解釈したので、説明を求めて安心したということ。

知覚された現実の法則

64

患者さんがあることを真実だと信じているならば，それはその人にとっての真実なのです。私たちは，いかなる法廷の仕事でも真の事実が問題となることを知っています。外的な証拠は私たちがトランスのなかで得られた情報を受け入れる前に必要とされます。臨床の仕事ではそうではありません。現実とは関係なく，患者さんがあることを真実だと信じていたら，その人はそれが真実であるかのように考え，感じ，振る舞うでしょう。私たちはそこにいる患者さんに合わせる必要がありますし，そうでなければラポールを失うでしょう。私たちがある考えを尊重して扱えば，私たちがそれに賛成していなくても，リードする立場に立てます。

私は心身症的な障害を扱う際に、その症状がとても重要だった最初のときに退行するかどうかを患者さんに尋ねます。時々（稀に）その人は前世に到達します。これが起こると、たいてい（想像上の）前世での死の原因と関連づけられます。斧で頭を叩き割られたり、胃を剣で刺されたり、窒息したり、等々。私はこれを、症状がそこにある間は「私はまだ死んでいないはずだ」という防衛的な観念（ある種のトランス論理）だと解釈しています。この考えが起こっているという確証が観念運動で得られたら、私はトランス下で次のように指摘することができます。「それはこれ以上はもう問題になりません。なぜなら、私たちはあなたが前世ですでに**とうにお亡くなりであること**、そして今は新しい人生に戻ってきていることを知っているからです」。「あなたはご自身が、新しい身体で、新しい時代に、新しい場所で、今生きていることを証明するのにこの症状を本当にまだ必要としますか？」。「いいえ」の返事があれば、「その場合は、あなたはそれをこれ以上必要としなくなったので、ただあるがままにして、新しい今生で快適にやっていっても構いませんか？」と尋ねることができます。患者さんに前世があるかどうかについて私はいかなる考えももっていませんが、前世があると信じている患者さんにとってはそれが真実なのだという事実を受け入れることで、その患者さんを治療することができます。

催眠深度の法則

患者さんは問題を解決するために入る必要がある分だけ催眠に深く入る傾向があります。患者さんは自分自身を保護するために必要なだけ浅く留まっている傾向があります。

これは私の個人的な観察にすぎません。そう、ユーウィンの法則です。

66 「夢は無意識に至る王道です」

「夢は無意識に至る王道です」(Freud, 1990)。

私は想像力(白昼夢)が催眠への鍵だと思っているので、「催眠は無意識への王道です」と書き換えましょう。フロイトは催眠からキャリアを始めましたが、キャリアの早期に諦めました。彼は誘導がとても苦手で、直接暗示だけしか使わないときの成功率に満足できなかったのです(Kline, 1958)。

67

人生の最初の3年間

パーソナリティの発達において人生の最初の3年間がいかに重要であるかは、かなり報告されてきました。言語獲得以前の記憶への退行は、催眠分析において計り知れない価値をもっています。患者さんが描写したことを確認することはほとんど不可能だとしても、それが患者さんから出てきたことなので、現実であると扱うことが治療的です［☞64参照］。患者さんがそれが真実だと信じているなら、それはその人にとっての真実なのです。そして、早期のトラウマ（現実であろうが想像上であろうが）をリフレームすることはしばしば治癒的です。

子どもらしい推論というのは、おんどりのように考えることです。おんどりは自分が鳴いた後に太陽が昇るのに気づくと、自分が鳴いたから太陽が昇ったのだと結論づけます。

既往歴

Anamnesis（既往歴）は私たちが病歴と呼んでいるものに対応する言葉です。mnesisは記憶のことで、amnesia（記憶喪失）は記憶がない（言語的または顕在的に）ことです。既往歴は、患者さんが忘れたり抑制したりしなかったものなので、**顕在**記憶から提供できるものがすべてです。言語的な「病歴」は、**潜在**記憶から出てきたフロイト的失言や、質問に対する答えになっていない答え、ためいき、自発的に出てきた打ち消し、余計なまたは限定的な一言を含んでいます。それが私たちを下意識的なマインド・セットに案内してくれます。抑制されているものは、心身医学では有望なヒントになります。ですから、私たちは**字義通りに聞かなく**

てはなりません。

私たちはポリグラフ（嘘発見器）から学びました。言ったばかりのことを、ためいきが打ち消します。自発的に出てきた否定語は、患者さんがそこから身を守っているものを表現します。つまり「それは怖いからじゃありません」という言葉が自発的に出てきたら、それは怖いからだということです。手術前の患者さんに「この手術についてどう感じますか？」と尋ねて、「OK（間）、たぶんね」という返事をもらったとき、限定的な「たぶんね」は彼が下意識では嘘をついていることを私に教えてくれます。「OK」と言って、嘘をついてしまったことへの罪悪感を感じて、良心の曇りを取るために「たぶんね」と付け加えたのです。手術をする前に、手続きにどんな不安があるのかを見つけ出す必要があります。

69 振り子や観念運動信号を用いた自己分析

自己催眠を使って観念運動の指の信号をセットして、またはシュブルールの振り子を使うことで、覚醒状態のまま、自分自身の症状を分析できるなんて、誰も教えてくれませんでした。夢を見たことに気づいたときに、自分自身の夢を分析するのは、とてもうまくいきました。どんな感情ですか？　恐れ、怒り、愛、罪悪感、悲しみ、それとも？　昨日、その引き金になったのは何ですか？　そのなかに誰がいましたか？　私、配偶者、親、きょうだい、神様、敵、それとも？　私の過去にあるものにさかのぼりますか？　もしそうなら、30歳よりも前、20歳、10歳、5歳、それとも？　それは意識レベルに浮かび上がっても大丈夫そうですか？「ほら!!」そこにありますよ。これらすべては「はい」か「いいえ」の質問を必要としています。

夢の引き金は興味深いものです。私自身のひどい悪夢を思い出します。夢のなかで、6体の死体が埋葬の準備をされていて、私はそれぞれの心臓を突き刺していました。私はゾッとして目が覚めて、その夢を解釈するために上述したテクニックを使いました。それによって、以下のことがわかりました。私は、外科医としてのキャリアのなかで、6人の心停止を経験しました。それぞれの転帰は違っていたのですが、そのときの私はつねにこころから安否を案じていました。私は、学ぶことがあるなら、どんなレッスンからも学びました。そして、そのことを意識的には考えませんでした。この夢の引き金を引いたものは何だろうかと不思議に思いました。それが起こったのは休暇中でしたから。浮かび上がったのは、友人の家で、子どもの頃に楽しんだ本のストーリーに偶然出会ったことでした。その著者は「**ブレット・ハート**」[訳注]でした。言葉が古い記憶を活性化して、Googleの検索語のように下意識を機能させたのでした。

◆**訳注**

ブレット・ハート（Bret Harte）はアメリカの作家であり詩人（1836-1902）。名前の"Harte"は、「心臓」という意味の"heart"との語の響きが同じです。その本を見た瞬間に、子ども時代にワクワクして胸を躍らせた冒険物語へと退行し、心停止について感じた傷つき（hurt）を思い出すのを避けようとしましたが、その出来事は潜在意識の懸念を刺激して悪夢を見させたことが、催眠分析によって明らかになったということ。

自己退行

自己分析には、年齢退行も含まれます。私は、自分が生まれた病院のマイクロフィルムの記録から、生後14日目への自己退行を確認することができました。私はこのことを、アメリカ臨床催眠学会誌に報告しました（Ewin, 1994）。

70

71 症状は解決である

これは、ミルトン・エリクソンの最も深遠な観察です！

私たちはみんな、口臭は無呼吸よりもマシであることを知っています。

「フォレスト・ガンプ」という映画で、身体の障害をもつ少年がいじめっ子たちに追い回され、恐怖におののいて孤立無援、解決不能の状況になりました。ジェニーは、「走って、フォレスト、走るのよ」と叫びました。彼は走って、逃げました。そのときから、本当は役立たずだったはずの症状という「解決」を身につけました。彼はストレスを受けると、いつも走りました。そしてついに、アメリカ合衆国を何往復もしました。

72 標的器官

鎖は、その最も弱いつなぎ目と同じだけ弱いのです。そしてストレス下の身体では、標的器官（最も弱いつなぎ目）に最初に症状が出ます。

私たちは情動を身体で経験します。問題が起こった**最初のとき**に何度も何度も繰り返し退行することで、標的器官は強い情動的な出来事が起こったときに選択され、トラウマやその器官と関わりのある病気と関連づけられることが発見されました。精密検査で正常であったとしても、繰り返される頭痛は、この世へのお披露目のときに鉗子分娩で頭を圧搾されたことのある患者さんが、ストレス状況に置かれたときに生じるかもしれません。また、繰り返される咳は、子ども時代のゼーゼーいう咳を経験したサバイバーに、下痢は腸チフス熱のサバイバーに見られるかもしれません。

トランス論理

73

秩序だった（左脳）論理のスイッチが切れると、催眠に入ったこころは明らかに不合理で逆説的な状況や陳述を無批判に受け入れられるくらいオープンになります。

ニュー・オリンズでは、読み書きができないことへの大きな是正運動が起きたとき、広告会社が連邦政府からいくばくかの資金を得て、巨大な広告版に「読むことを学ぼう」と掲示しました。ルイジアナは、「夢の州（Dream State）」[訳注]と自己宣伝しました。

◆訳注
著者の住むルイジアナ州の観光課では、自分たちの州をDream Stateと呼んで宣伝しています。これは、アメリカの文化で、何かとてもよいことが起こるように祈ると、起きたまま幻想を見ているということで、「夢でも見てるんじゃないの?」と言われることから来ています。つまり、この場合のDream Stateには夢の州という意味と、夢のような状態という2つの意味が含まれているのです。ルイジアナに来ると、夢のようにとてもよいことが起こるという宣伝になっている訳です。また、文字を読めない人に、文字の広告で「読み方を学ぼう」というのは冗談にも程があるのですが、催眠状態で批判的思考力の落ちた人が、普通なら明らかにおかしなことに気づかないことを皮肉ったものだと思われます。

74 巨人の島の小人

この比喩は、虐待された子どものジレンマを表現するためにウィリアムズ・ブライアン・ジュニア[訳注]によって用いられました。

巨人の島の小人は、巨人は進んでいる方向を知っていると信じるしかありません。さもないと、巨人は狂っていることになり、自分自身を守るために、つねに警戒していなくてはなりません。虐待された子どものなかには、本当におかしくなってしまう子どももいれば、そうならない子どもは、「私には何か悪いところがあるに違いない」、そうでなければ巨人たち（自分が何をしているか知っている人）はこんなやり方で自分を

◆訳注
アメリカの内科医で催眠療法家（1926-1977）。

扱わないだろうと潜在意識で信じたままで成長する傾向があります。

これは想像上の罪悪感です。トランスのなかで大人が病気だったのであって、子どもはそうではないこと、それは置き去りにすべきものだと認識するように現実検討を求めることで治療することができます。考えを変えると、病気が変わります。

75 偏頭痛と低血糖

偏頭痛の多くは痛みを和らげる催眠暗示にほとんど反応しないものです。偏頭痛の人の多くは機能的な低血糖もあることを私は発見しました。ハンス・セリエ（1946）が示したように、慢性ストレスの最終結果です［☞86参照］。5時間の糖負荷試験でこのことを確かめられるでしょう。彼らの飲食上の敵は、精製された砂糖や小麦粉、アルコール、そしてカフェインです。

減砂糖、低精製の炭水化物、アルコール抜き、カフェイン抜きのダイエットと、一般的なストレスを緩和する催眠分析セッションとを組み合わせた6食のダイエットを、患者さんに試してもらうことによって、うまく和らげることができます。

76 帯状疱疹とビタミンB

帯状疱疹は、水疱瘡を引き起こすウィルス（単純ヘルペス）による神経の枝の感染で、感覚神経の炎症とそれに冒された皮膚領域の皮膚炎が起こります。健康な若者では、4～6週間で癒えますが、年長者ではしばしば癒えるのに失敗して、慢性の痛みを伴うヘルペス後神経痛になります。

ビタミンB複合体の不足は、多発神経炎（脚気）を引き起こすので、神経炎を癒やそうとするときにはビタミンB不足がないことを確認しなければなりません。このことは、私にとっては自明の理です。痛み緩和の催眠暗示と高容量のＢ複合体とＢ12の投与を組み合わせることで、私の患者さんの多くはヘルペス後神経痛になることなく4週間以内に回復しました。帯状疱疹に関する文献には、Ｂ複合体に関する統制研究を見つけることはできませんでした。これは机上の論理です。それにもかかわらず、ヘルペス後神経炎に効きました。私には催眠が効いたのか、ビタミンが効いたのか、組み合わせたから効いたのかわかりません。

77

いぼ、温かいか涼しいかちくちくするか

いぼはウィルス感染です。焼灼や凍結、手術、局所的なサリチル酸塩、インターフェロン投与等々で治療すると、約30％が再発します。伝統的な治療でも構わないのですが、いぼが足の裏や、首の下や、性器や声帯にあるときには、催眠は好まれる治療です。催眠で癒やされると、それらはほとんど再発しません。思うに、患者さん自身の免疫系が癒しに影響しているからでしょう。子どもには、たいてい直接的な癒しの暗示で

間に合います。思春期後のティーンエイジャーや大人には、私はよく観念運動シグナルを用いて、チークの症状の7つの共通要因［☞7参照］を調べ、癒しに対するあらゆる情動的な抑制を除去します。驚くべきことに、これらの患者の半数は、癒しを抑制する性的な問題をもっていました。いったんそれに対処すると、彼らは容易に癒やされました。

かつて私は、いぼの周囲の皮膚領域が温かくなって、血流の供給が増えて抗体を連れてくるなどと暗示したものでした。しかし、これはいつもうまくいくわけではありませんでした。その場合は、観念運動シグナルを使って、冷たいほうが楽かどうかを尋ねました。今では、患者さんの下位意識に4つの選択肢から選んでもらうことにしています。温かいか、涼しいか、ちくちくするか、患者さん自身の方法か。患者さんがトランスのなかで観念運動の選択をした後、触覚フィードバックを与えるためにいぼに触れて（明らかに、性病のいぼではないときだけですが）、患者さんに変化を空想してもらいます。変化が起こったという観念運動シグナルを受け取ったら、「**それが癒やされるまで**［☞54参照］、その方法を続けてください。あなたの身体は癒し方を知っています。あなたはこれを自分の身体に任せることができますし、意識的な注意をまったく向けなくても構いません」と言います。

私は自己催眠を加えることは避けています。というのは、すべての実験的研究で、統計的には惨憺たる結果が得られているからです。自己催眠を含めた統制された回顧研究で、フェルトたち（1998）はたった5％の治癒率しか得ていませんし、私はなぜ成功率がプラシーボ反応にすら届かなかったのかについての意見を論文に書きました（Ewin, 1998）。私は分析した結果、明確に自己催眠をはっきりと避けることで、80％の治癒率を得ています（Ewin, 1992）。

78 自分自身を治療する

私に起こった最上の出来事のひとつは、早期の研究で催眠を用いた治療が成功したことでした。その甲斐あって、この方法で治療することの妥当性を確信できましたし、私が患者さんに選択肢を与えれば、彼らは自分で問題を解決するものだと強く確信しています。

エミール・クーエは、「確信は、**被験者**と同じくらい暗示をする側にも必要です」と述べています。他のやり方が全部失敗したときに、結果を得ることを可能にしてくれるのは、この確信なのです」。

ルーク・スカイウォーカー「信じられない」
ヨーダ「だから失敗したのだ」

「帝国の逆襲」より

A・A・メーソン博士は、「不治の」Brocq（水疱型）先天性魚鱗癬の唯一の治癒例を報告した人です。彼が私たちに語ったことによると、患者さんがいぼに覆われていると勘違いして、**確信をもって**癒えるという暗示を与えたそうです。後に、生検で「不治」だと知ってから、同じ病気をもつ8人の患者さんを治療しましたが、治すことができませんでした（Mason, 2007）。

聖書はこう言います。「もしラッパがはっきりした音を出さないなら、だれが戦闘の準備をするだろうか。それと同様に、もしあなたがたが異言ではっきりしない言葉を語れば、どうしてその語ることがわかるだろうか。それでは、空にむかって語っていることになる」（「コリント人への第一の手紙」第14章8–9）。

79

「この世で最上の医者は、食養生博士・安静博士・快活博士である」

ジョナサン・スウィフト

この三人組は覚えておく価値があります。それぞれ聖書にも記載されています。

・食養生は、現代ではしばしば不十分です。ビタミンCは、ストレス・ビタミンです。モルモットと類人猿と人類は代謝に生得的なエラーがあるので、ビタミンCを自分自身で作ることができません。さまざまなストレスが原因で、私の催眠治療を受ける患者さんのほとんどは、RDA（栄養所要量）が**推奨する**1日当たりの許容量である60㎎（1杯のオレンジジュース相当）が**最適**とは言えません。60㎎というのは、壊血病という致死性の病気を予防するのに十分なだけです。私は自分の患者さんに、マルチビタミンのサプリメントに加えて1，000㎎のビタミンCを摂るようにアドバイスしています。そして、それが助けになると信じています。彼らのほとんどは、大量の柑橘類や生野菜を摂るようなバランスのいい食生活を送っていませんし、自分たちの食習慣を根底から改めるつもりもなさそうだからです。また、複数の研究が、1日に1杯か2杯の飲酒をする人は、まったく飲まない人よりも心臓発作が少ないことを示しています。聖書は言います。「胃のために、また、たびたび起こる病気のためにも、少量のぶどう酒を用いなさい」（「テモテへの第一の手紙」第5章23）。

- **安静**は、わずかな時間でも、身体的・精神的な緊張をリラックスさせます。アーネスト・ロッシ（1991）の毎日の超概日性リズムに関する認識と、その時々の短時間の静養の価値は、私自身のセルフケアの一部になっています（私は自分のオフィスにリクライニング・チェアを置いています）。わずかな時間、愛や感謝を感じると、心拍のコヒーレンスが回復します（Servan-Schreiber, 2004）。「静まって、汝こそ神であることを知れ」（「詩編」第46章10）。
- **笑い**は、それ自体が報酬になります。統制研究でも、笑いが免疫系を増強することがわかっています。逸話的ですが、ノーマン・カズンズが、強直性脊髄炎という自己免疫疾患を、笑いとビタミンCで自己治癒した話はもはや不朽の名作です（Cousins, 1979）。ソロモンによると、「心の楽しみは良い薬である」（「箴言」第17章22）。

笑いセラピー

80

上海のあるグループは、がんの予防に笑いを使っています。
彼らはNoetic Scienceのビデオ・シリーズ
『癒やしの心』（1992）に出演しています。
これはノーマン・カズンズが使った
抗ストレス治療と同じです。

痛みと抑うつは同居します。両方が同居する患者さんは、ほとんど笑いません。テュレーン大学で精神医学と神経学を教えるロバート・ヒース教授は、中隔領域にある「快楽中枢」を突き止めるために、動物や人間の脳への深い探針を用いた実験を行いました。彼の研究をまとめたブックレット（Heath, 1996）のなかで、「さまざまな起源の身体的痛みは、脳の快楽系のなかの場所に電気刺激を与えることで即座にそして劇的に緩和された。高容量のモルヒネでもコントロールできない転移性がんの痛みが、中隔領域の刺激（１００Hz、3-5アンペア）の後、１週間程度緩和された」と述べています（Peacock, 1954）。子宮がんの患者A-6（L・W）さんが亡くなるまでの７カ月間、彼女は1日から1週間の間隔で（痛みのコントロールに応じて）、中隔領域に電気刺激を受けました。その間、彼女は根本的に痛みから解放されていて、まったく鎮痛薬の世話にはなりませんでした。彼は「**快楽が乗っ取れば、痛みは消える**」ことに言及しています。

私は患者さんに自己催眠を用いて「笑いの国」を見つけるように教えています。ディズニー映画の「南部の唄」で、ブレア・ラビットは「だれもにでも笑いの国がある」と歌っています［☞48参照］。

01 麻酔下で聞こえること

臆病な動物（ウサギや鹿、人間など）は、まだ逃げる時間があるうちに捕食者に気づいている必要があります。彼らは五感すべてを使って自分自身を守っています。しかし、危険が潜んでいるなかで目を閉じて眠るためには、匂いや味、触覚、聴覚に頼らなければなりません。これらのなかで、聴覚だけが手遅れになる前に危険を警告してくれます。そして、これが実際に死ぬ間際まで働いている最後の感覚です。

生まれたばかりの赤ちゃんのいる母親が、雷鳴とどろく嵐のなかでどうやって眠ることができるのか、それでも赤ん坊がわずかにしくしく泣き出すと、どうやってすっかり目覚めることができるのかは、よく知られています。これは選択的な聴覚で、全身麻酔下でも生じます。たいていはその場を管理している2人の人物の声、すなわち麻酔科医と手術医の声を選択します。

麻酔下の聴覚に関する究極の実験は、レヴィンソンのテストです。ネコを脳波（EEG）がフラットになるまで麻酔にかけて、次に犬を実験室に招き入れるというものでした。犬が吠えると、ネコのEEGは急上昇しました（Levinson, 1990）。

患者さんの症状が、「手術以来……ずっと」あるのであれば、多重観念運動レビューを使った催眠は、しばしば麻酔中に手術医か麻酔科医が言った何か不安にさせることから回復させてくれるでしょう。これを回復させる催眠テクニックは精妙です。回復不可能だと言った人はだれもデヴィッド・チークのテクニック（Cheek, 1959, Ewin, 1990）を使っていませんでした。思い出すのは3つのことです。（1）それは目立っていて、（2）手術医か麻酔科医に言われたものであって、（3）手順のなかで適切なときに言われたものです。**探索的な**腹部の手術の最初の切開の時点で、「すべてうまくいってますよ」というのは不適切ですが、探索が終わった後に傷を閉じるときにはタイムリーで歓迎されるでしょう。

私には、身体障害の患者さんがいて、意識的には手術の記憶がまったくなかったのですが、催眠退行で、背中の手術のときに神経外科医が「彼を固定（fix）しよう[訳注]」と言ったのを聞いていました[☞10参照]。そして彼は手術からまったく回復しませんでした。手術医のコメントを知った後に、トランスのなかで私がしたことは、「これを修繕（repair）しよう」に言い換えることだけでした。正常な神経学的検査に加えて、MRIとレントゲン写真でも大丈夫だという再保証があって、何とかイスから離れることができるようになってから2年後には、彼は復職支援プログラムに入り仕事に復帰しました。

◆**訳注**
直そうという意味で使った言葉が、固定しようと受け取られたことを意味します。

82 アドレナリン（エピネフリン）は記憶を固定する

これがどれほど真実であるかは、ワインバーガーたち（1984）が、音と電気ショックの刺激と一緒にエピネフリンを注射することで、全身麻酔下にあるラットの古典的条件づけに成功したことからもわかります。

被験体は覚醒状態で音を聞いたときに、嫌悪的な行動を示したのに対して、生理食塩水を注射されたコントロール群はそのような行動を示しませんでした。

恐怖は私たちの最も強力な情動です。トラウマはアドレナリンを放出させます。自己保存の本能は、私たちに危険な記憶を刷り込んで、同じような出来事を回避するように用心させます。ＰＴＳＤはあらゆるもののなかで最も強い刷り込みです。

03 緊急事態ではラポールは一切不要

緊急事態でのラポールは不要です。必要なのは信任状です。私たちの誰もが、心理療法をするときに、ラポールは必須のニーズであることを知っています。でも、このニーズは、深刻な緊急事態状況では消失します。催眠のテクニックは、赤の他人によって用いられたときでさえ効果的です。自然の第一法則は自己保存です。爆発事故やレイプ、肩の脱臼、赤ちゃんが頭をぶつけたなどがあると、患者さんのこころは恐怖と生存に注意を向けます。そして、催眠様の状態が生まれます。恐怖はあらゆる論理を乗っ取って、被害者は誰か信頼できて助けてくれそうな人に注意を向けます。

これらの患者さんに用いる唯一の誘導は、「私は医師のユーウィンです。あなたのお役に立てると思います。私が言うことをやってみますか？」答が「はい」なら、「わかりました。あなたは今は安全ですよ。目を閉じて、深呼吸をして。私に任せてください。考えとか感覚とかがあなたの『笑いの国』へ行ってしまうままに任せることができます。その間に私はあなたが良くなるために必要なことをしますからね」。私は、彼らが「笑いの国」を見つけるのを観念運動シグナルで確かめ、続いて脱臼した肩を入れたり、傷を縫ったり、折れた骨を接いだりすることができます。患者さんの快適さが重要ですし、催眠がどれほどすごいかを証明する必要はありませんから、手近にあるならためらわずに局所麻酔を加えます。

ジェイムズ・エスデイルは、１８５０年にインドで手術をしたときにこの原則を認識しました。彼は「患者さんに身体的な愁訴に対してメスメリズムの治療的感応を施したとき、いかなる精神的なラポールも考えなかった……精神的な障害を扱う際には、たぶんそれは必要とされるだろうけれど」（Esdaile, 1850）と記しました。

「今やっていることを続けなさい」という最も簡単な暗示

自律神経系は身体機能をコントロールしているので、今まさに自律神経系がしていることを自律神経系は知っているはずだというのは理にかなっているように思われます。私たちの悪い考えは苦もなくやってくるので、良い考えも同じ道をやってくるはずです。起こっていることが望ましければ、今まさにやっていることを続けなさいという暗示はすんなり受け入れやすいはずです。

84

実際に火傷の患者さんに対して、救急救命室での最初のプロトコルは、鎮痛剤を与えて、冷やしたタオルで患部を覆うことです。私が救急救命室に着くまでに、鎮痛剤が効果を発揮しており、患部が冷やされていれば、私が言うことは、「関わっている領域のすべてがどのくらい涼しく快適になっているかに気づいてください。あなたがそのことに気づくと、この指（人差し指に触れます）が上がって知らせます」だけです。そのシグナルが得られたら、「いいですよ。そこが癒えるまで続けてください」と言います。

私の同僚に、痛みを鍼で治療する人がいます。私に語ってくれたところによると、彼には反射性交感神経性ジストロフィの患者さんが何人かいて、12時間から48時間は鍼で痛みの緩和が持続しますが、その後は痛みが再発するようです。研究によると、鍼はエンケファリン（自然の麻薬）を放出させることで痛みを和らげていますが、麻薬拮抗薬のナロキソンによってその効果が抑制されます。催眠による痛みの緩和は、異なる経路を用いていますので、ナロキソンでは抑制されません。私たちは、鍼治療を6週間受けて、一時的な緩和効果しか得られなかった5名の患者さんを治療しました。彼らが痛みから解放されている間に、私は「それがどのくらい快適なのかに気づいていてください。そしてあなたの身体が、その方法を続けることができることにも気づいていてください」と暗示する催眠治療を行いました。5人中3人は、この1回の組み合わせ治療によって完全に寛解しました。1人は50%以上の改善が見られ、もう1人はまったく改善しませんでした。私の同僚が大学に移って別の都市へ引っ越したため、実験は中断されたままです。

最上の暗示は10語かそれ以下

85

私たちは言葉で人々を治療しているからといって、トランス中にあまりにもたくさん話しすぎています。私は覚醒状態で説明が終わったら、あとはトランスのなかで暗示をします。それを定着させるために、メッセージをだいたい10語以下に収め、3回以上繰り返すことが役立ちます。例えば、レヴィタンの手術前暗示［☞54参照］を与えるときに、「まったく役立たずの中国語です」と要約し、それを少なくとも3回は繰り返します。

歴史的にも、エミール・クーエ（1905）のとても包括的な自己催眠暗示は、たくさんの著効した治癒をもたらしました。彼は患者さんに「毎日、あらゆる面で私はますます良くなっていきます」と20回繰り返させ、それを1日に2回行ってもらいました。10語です[訳注]。

優れた政治的なスローガンは短いので、何度でも繰り返すことができます。私は未だに60年前の高校の歴史から思い出すことができます。「ティピカヌーとタイラーも」は、我らが第9代大統領のウィリアム・ヘンリー・ハリソンへの、「アイクが大好き」はアイゼンハワーへの投票を助けました。「イエス、ウィー・キャン」はオバマ大統領を助けてくれました。暗示は、スローガンのように心に貼り付くべきです。

私が初めてモネの『印象・日の出』[訳注]を観たとき、たとえ誰かがそのシーンについて色やフォーカスやコントラストやいろんなことについてページを費やしたとしても不十分だったでしょう。でも、タイトルのたった2語だけで、私の記憶には十二分にすべてが固定されました。

◆訳注
英語では "Every day, in every way, I'm getting better and better" という10語になります。

◆訳注
美術における印象派運動の名付け親となった絵画。

ETKTM（人類に知られているありとあらゆるテスト）

人類に知られているありとあらゆるテスト（ETKTM：Every Test Known To Man）を受けた後に、催眠が最後の手段と思って来談する人たちがいます。患者さんは無数の専門家と会い、少なくとも1つの高名なクリニックを経て、人類に知られているありとあらゆるテストを受け、すべてのテストは正常で、基本的にあなたに悪いところはありませんと言われて来ています。でも、疑問が残ります。「なぜ頭痛があるんだろう？　なぜいつも疲労を感じるんだろう？　なぜ涙もろいんだろう？　なぜ忘れっぽいんだろう？　なぜ眠りが浅いんだろう？（そして神経系の他の障害のリストもあります）」。私がこうした患者さんに深いレベルで聞くと、そのほとんどは私が「正常な神経症」と呼ぶ人たちであることがわかりました。彼らは気が狂っているわけではありませんでした。患者さんには健康上の問題があったのです。私は、15、000匹の実験動物を使ったハンス・セリエ氏の研究にこれを見つけました。彼はこれを汎適応症候群（Selye, 1946）と呼び、あらゆる種類の慢性的なストレスに伴って生じる生理学的変化について記しています。

長期間ストレスを受けた個体は、3つの段階を通ります。警戒期、抵抗期、疲弊期です。慢性的なストレスは副腎皮質と胸腺（免疫T細胞）を疲弊させます。患者さんは機能性の低血糖と自己免疫疾患になります。神経系は全体的に燃料が不足して、機能不全に陥ります。実施されるべきは、5時間のグルコース耐性テストです。低血糖サポート財団（http://hypoglycemia.org）には、役に立つ質問紙があり、得点が20を超えたら、私は5時間のグルコース耐性テストを試します。この診断を下すには、通常の3時間のグルコース耐性テストでは役に立ちません。最悪の症状があるときの一滴の血糖測定と同じくらい役立たずです。血糖が、空腹時の5時間のグルコース耐性テストで20mg／dl以上数値が下がったら、テストは陽性で、食生活の変化を試す必要があることが裏付けられます。患者さんは6食、減砂糖、減炭水化物、アルコール・カフェイン抜きのダイエットが必要になります。それと一緒に、慢性的なストレスが和らぐという催眠をします［☞75参照］。

07

「失敗で頭に来ないように」

ウィリアム・クロージャー

これは、新しく催眠を学ぶ生徒さんに良いアドバイスをするための、おもしろおかしい方法です。初心者は腕に自信がないので、患者さんにそれが伝わってしまい〔☞78参照〕、さんざんな結果になり、催眠を捨て去ってしまうことがあまりによくあります。

私が初めて誘導したときは、目を閉じさせたらすぐに本を開いて患者さんにスクリプトを読み上げました。それはうまくいって、それ以降はスクリプトを読まずに自分自身の言葉で言えるようになりました。失敗への恐れを受け入れると、イニシアチブが奪われてしまい、患者さんに気づかれてしまいます［☞27・78参照］。

トーマス・エジソンは、自分の実験室では一度たりとも失敗した実験はなく、99のうまくいかないことを学んだだけだと言いました。

火傷は2つの部分からなります

あまり広く知られていないのですが、火傷は2つの別個の要素からなります。つまり、外的な皮膚への熱損傷と、損傷に対する内的な炎症反応です［☞31参照］。日焼けしたことのある人は誰でも知っているように、太陽から離れれば、少しは痛みが残りますが、熱損傷は終わります。それから数時間して、水ぶくれや発熱、痛み、腫れ物ができます。最初の痛みは、「何とかしろ、危険だ」という身体の警告システムですが、続いて起こる痛みは炎症です。炎症の主な徴候は、熱感（calor）、疼痛（dolor）、発赤（rubor）、腫脹（tumor）です。最初の痛みは一時的ですが、炎症は

長く続きます。炎症を引き起こすブラジキニンという酵素は最初の2時間で放出されます。患者さんに、この2時間の間（最初の4時間でも構いません）に催眠をすることができれば、関連する部分が「涼しくて気持ちいい」という幻覚を起こすことができ、もう熱くも痛くもなりませんし、炎症を引き起こす酵素もまったく放出されません。そうすると、火傷の炎症部分は打ち止めになり、火傷は1度から2度とか、2度から3度へとは発展しません。癒える間に少しは痛みがあるでしょうけれど。火傷の刺激を受けても反応せずにいられるのと同様に、物理的な刺激なしで内的な炎症反応を起こすこともできます。チェルトック博士の記録映画（1982）では、冷やしたコインを患者さんの前腕に載せて、「これは熱いので、水ぶくれができます」と暗示した後に、水ぶくれができる様子を見ることができます。

火渡りをするインディアンは、1週間の絶食や禁欲、儀式などの精神的な準備を耐え抜き、神に火渡りを捧げます。この（催眠様の）儀式に参加した西洋人も、同じことができます。フィジーの火渡りをする人々は、火山の女神が自分たちの種族に、火傷に対する免疫という贈り物を与えたと信じています。彼らはそもそもいかなる儀式も必要としません。

手術のたとえ話 09

私は催眠のたとえ話に、手術を持ち出すのが好きです。盲腸の手術は、麻酔をしてから始めます。これによって手術は楽になりますが、それで治るわけではありません。手術をせずに麻酔から覚めると、患者さんは相も変わらず盲腸のままです。

トランス誘導は麻酔のようなものです。それは治療を促進しますが、誘導と覚醒だけでは、患者さんは病気のままです。

手術では、オペこそが患者さんを癒やします。しかし、それは正しいオペでなくてはなりません。盲腸の場合には盲腸の切除を！　胆嚢摘除や、子宮摘出はしないでしょう。

催眠では、癒やすのは暗示ですが、それは**正しい**暗示でなくてはなりません。

私たちは、分析的なスキルによって正しい暗示を見つけます。手術では、完全に癒やさなければなりません。虫垂切除術後遺残虫垂炎があって、万が一破裂したら、手術をしなかった場合よりもひどい結果になるでしょう。

催眠では、患者さんは暗示を受け入れなければなりません。でなければ、その人は改善しないでしょう。

誘導は簡単です。私たちのワークショップでは、**正しい**暗示の選り分け方と、患者さんに**受け入れやすく**する方法を学びます。

90 手術のインフォームド・コンセント

手術のインフォームド・コンセントは、悲観的解釈の法則［☞63参照］に火をくべます。私が住むルイジアナ州では、インフォームド・コンセントの不備を主張する医療過誤の続発から外科医を守るために、標準的な合意の形式にサインした患者さんが完全に情報を与えられたとする法律が議会で通過しました。標準的な合意文書には、「以下に示す既知のリスクが、この手法や麻酔に関連していることを理解し承認しました。リスクには、脳の障害や醜い傷、麻痺、四肢麻痺、下半身麻痺、身体器官の喪失またはその機能の喪失、腕や脚の喪失またはその機能の喪失を含みます」などと書かれていました。今では状況は変化しつつありますが、当時は患者さんが一人で読むべきではないほど恐ろしい話でした。手続きにすでにわかっている特定の共通した紛糾の種があるなら、私ならまずそれをリスト化して、個別に検討するでしょう。

古い標準的な文書を見て、自分の患者さんがそこに記された恐ろしい出来事を右脳で視覚化するのは望ましいことではありません。左脳の議論でとどめておくようにします。私は最初に自分の患者さんにこのように言います。「どんな主流の麻酔や手術の方法にも少しは危険があることを当然ご存じのことと思います」。「はい」。「えーっと、法律では主流の手術を受ける人たちに起こりうる最悪のことをあなたに知らせて、そのことについて十分に話し合ったということを示すこの文書にサインしていただく義務があります。亡くなったり、麻痺が残ったり、四肢を失ったりといったケースがあります。何か質問はありますか？　ここにサインしてください」。患者さんが知らぬ間に催眠様の状態に陥って、こんなことが自分に起こると夢想してほしくありません［☞63参照］。心のなかでは、こんなことは他の人々に起こることだとしておきたいのです！

反射性交感神経性ジストロフィの治療を受けている患者さんを診たことがあります。彼は左のアキレス腱を失い、上手な腱再建術を受けましたが、皮膚の傷が腱に貼り付き、動きが制限されました。彼の整形外科医は、比較的簡単な手法で傷を改善するために形成外科医を紹介しました。看護師が彼に前のような署名の証書を手渡すと、彼は注意深くそれを読みました。そこには、四肢が利かなくなることについての一節がありました。彼はそれにサインし、何も言わず、処置を受けました。そして手術後に四肢が利かなくなりました。私が彼に会ったとき、彼は体重がまったくかからないようにする松葉杖をついていました。

私たちは、すべての暗示は自己暗示であることを知っています［☞62の法則V・63参照］。

91

私たちは情動を身体で体験します

欲求不満はしばしば頭痛を引き起こし、裏切られた人は背中を刺される感じを覚え、怒りをコントロールすると胃に締め付けられるような感じが生じ、驚愕すると心臓の鼓動がバクバクします。

心身医学は症状を誘発する考えを変えることができると最高の結果をもたらします。目標器官がそれ自体を特定します。

92 録音と自己催眠

たくさんの私の同僚たちが、患者さんに自己催眠を教えることで素晴らしい成果を報告してくれます。でも、私はうまくいった試しがありません。深くのめり込むほど十分な成功を再現できなかったからです。しかし、自分自身に対しては、自己催眠を定期的に使っています。

嫌な考えは苦もなくやってくるので、良い考えも同じ方法でやってくるはずだと信じています。録音を聴くのに努力は不要です。私は短い誘導と適切な暗示、覚醒のセットを録音して、患者さんに対してするのと同じように自分自身に対して自己催眠をします。

後催眠の三大要素

93

深いトランスで後催眠暗示を与えられると、３つのことが起こります。

（1）暗示を実行しようとする強迫
（2）考えの起源に対する言語的な健忘（原因の健忘）
（3）行動の合理化

これは、患者さんが固定観念（ジャネの固定観念）にとらわれているとき、特に固定観念が恐怖症を引き起こしているときに起こっていることと一致しています。考えに抵抗することはできますが、不安の襲来という代償を払うことになります。エレベーターを怖がる人は、無理矢理乗ることはできますが、冷や汗をかいて、心拍や血圧は上昇し、緊張するでしょう。その人は不安の襲来を避けるために、10階までの階段を喜んで昇るでしょう。その人はどうしてそんな風に感じるのか説明することはできません（原因の健忘）。「なぜ階段を昇るの？」と聞かれたら、「健康のためだよ」と言って合理化するかもしれません。

94

潜在意識のこころの任務は有機体を保護することです

自然の第一法則は、自己保存です。自分自身を保護しない動物は絶滅します。

潜在意識は、つねに自己保存の体勢をとれるよう、自動的かつ反射的かつ直感的に機能します。症状はほとんどの場合、安全を確保するための非合理的な試みです。持続的な痛み［☞32参照］やアドレナリンが記憶を固定すること［☞82参照］を参照してください。

95 コルチゾンや抗ヒスタミンに対する反応

コルチゾンや抗ヒスタミンに対する反応は、医学的な障害にも催眠を行う余地があるというヒントを与えてくれます。

ぜんそくやじんましん、自己免疫疾患のほとんどは、危険な副作用もなく、コルチゾンに対して反応するのとだいたい同じくらい催眠にも反応します。

96 催眠感受性は観念運動信号法の足かせになりません

観念運動の意味は、考えが運動神経による動作を活性化しているというだけです。これは一種のボディ・ランゲージであって、すべての人々が覚醒した状態で普通にボディ・ランゲージをします。浅かろうが深かろうが、無意識的にうなずけば「はい」、横に振れば「いいえ」と言っているのです。

トランス下では、うなずくよりも指の信号で最小限の努力で行うほうがかなり楽ですが、どちらでもちゃんと機能します。

催眠下の直接暗示と催眠分析

97

催眠における直接暗示と催眠分析は、月とすっぽんぐらい違っています。私たちは基礎のワークショップで、催眠の直接暗示を教えています。異なる状況に用いるためのスクリプトを載せた分厚い本もあります。催眠感受性はこのテクニックで成功するための大きな足かせとなりますし、私の経験ではプラシーボ反応よりはマシという程度にしか効きません。たぶん50%かそこらでしょう。禁煙にはたった20〜40%です。催眠中の直接暗示はプラシーボよりは良く効きます。というのは、考えを封じて、プラシーボ薬のように効き目が切れたりしないからです。

観念運動信号法を用いる**催眠分析**は、80％近くまで成功率を高めます。催眠感受性は問題になりません。覚醒状態において振り子を用いることだって可能です。洞察療法こそが、コチコチに凝り固まった考えを特定し、緩やかなものへの置き換え（リフレーミング）を可能にするのです。苦痛を生み出す考え方が健康なものに変化したとき、治癒は長持ちするのです。

私はどちらかというと、催眠感受性が高い患者さんに直接暗示で治療するよりも、催眠感受性が低い患者さんに催眠分析で治療するほうが好きです。グラハムとエヴァンス（1977）の研究では、高い感受性をもつ人が催眠下の直接暗示で治療された場合、低い感受性の人よりも頻繁に再発したそうです。

98 閉眼アイ・ロール誘導

催眠誘導プロフィール（HIP：Hypnotic Induction Profile）は、催眠感受性の簡易テストです。そこには、開眼のアイ・ロールが手続きに含まれています。多くの臨床家が、直接暗示を用いたときにどんな種類の反応が得られそうかを査定するための最初の誘導としてＨＩＰを使っています。

患者さんがアイ・ロールで低得点だったら、私の成功への期待も低くなり、熱意は冷め、ラポールが損なわれるかもしれません。ですから、私は治療前に患者さんの催眠感受性を知りたいとは思いません。テストなら後になってからいつでもできます。催眠感受性は安定した特性だからです。

患者さんに最初にまぶたを閉じてもらい、次に眼球を上に回し、深呼吸をしてもらい（いつもの誘導です）、読み取れるアイ・ロールのサインは見て見ぬふりをします。催眠感受性は、私が好む催眠分析の技術を用いるときには大して問題とならない［☞96・97参照］ので、私の臨床の首尾は、最初にテストをしないことで減少するというよりはむしろ増強されると信じています。

99 私は話したいんです

観念運動シグナルを用いた催眠分析をするときには、「話したい」という合図をあらかじめ決めておきましょう。「もし何かがあなたのこころのなかによぎって、そのことを私に話したいとか、質問をしたいときには、ただ手を挙げてください（ここで、患者さんの手首を持ち上げます）。そうしたら、話をしましょう」。

患者さんは、普通はトランス中に会話の口火を切ったりはしませんが、観念運動シグナルを使えばまったく問題ありません。トランス中には重要な自由連想がたくさん生じます。それが生じている間が、アクセスすべきときで、ディブリーフィングまで待つ必要はありません。実際、重要な連想のほとんどは、患者さんが覚醒するやいなや失われてしまい、左脳の処理に戻ってしまうでしょう。

100 スピリチュアリティ

スピリチュアリティは、宗教的であることとは全然違います。自分自身の人生の意味について知るために、組織的な宗派や教派に所属する必要がない人もいます。意味のない人生を送ることは、心理的に憂うつなことです。抑うつ的な私の患者さんの多くは、完璧な人は誰もいなくても、我ら神の子らはみな大切だ［☞14参照］という考えを見失っています。自分の人生を意味があって有意義で楽しいものにする責任は自分自身にあります。患者さんが自分の人生が意味がないと感じているならば、それはスピリチュアルな問題なのです。

宗旨替えをするために医師を訪れる人は皆無なので、患者さんにお説教を垂れたりしません。ただこんな風に言います。「私の理解したところでは、あなたはスピリチュアルな問題の扉を開いたように思えます。そのことで、さまざまな生産的な内省をするでしょう」。聖書よりもむしろ、独立宣言を出発点としてはいかがでしょう。「我々は以下の事実を自明のこととして考えています。すべての人は生まれながらにして平等であり、すべての人は不可侵の権利を神から与えられており、その権利には生命、自由、そして幸福の追求が含まれています」。

脳震盪後症候群

101

脳震盪後症候群については言及する価値があります。なぜなら、私の経験上、それは下手くそなコミュニケーションと診断の誤りの結果として最もよく生じるからです。つまりは医原性（内科医によって生み出される）なのです。解剖学的に、大脳は脳であって、本当の大脳震盪は脳の一時的な生理学的（神経学的にもMRI的にも異常はまったくありません）機能不全であり、完全にそこから回復します（映画を観ている間、脚が「眠っている」ときに起こることと同じです）。もちろん、意識不明になって、一時的に記憶を失う場合もあります。それでも脳震盪は、脳の明らかな損傷によって引き起こされる脳挫傷とは違います。脳挫傷では神経学的にもＭＲＩでも変化が見られますし、長期にわたる後遺症を生じることもあります。

プリニウスの甥は言いました。「雷鳴を見聞きした者は、雷鳴に打たれた者ではない」。ですから、頭皮を強打した（脳は頭蓋骨に保護されていることを思い出してください）患者さんが、事故の詳細をすべて語れるなら、一瞬気を失ったとその人が信じていたとしても、その人の脳は損傷されなかったのです。正確な診断は「頭皮挫傷」です。腕や脚、身体の他のあらゆる部分にフットボールの試合中に生じた挫傷のようなものです。頭皮はしばらくはヒリヒリ痛みますが、やがて良くなります。

脳震盪という言葉のせいで、上の説明とはまったく違うところへ迷い込んでしまいます。医者が患者さんに脳震盪だと言うときに、神経学的な検査は完全に正常で、予後は良好であることを指摘しないと（自分が意識不明だったと思っているかどうかは別として）、悪い虫の入った箱の口が開きます。患者さんは帰宅して、奥さんに「僕は脳震盪って言われたんだよ」と伝えます。奥さんは友達に言いふらします。井戸端会議では、頭痛や行動の変化などなどに関するさまざまな質問の応酬が繰り広げられます（ノーシーボ［☞54参照］）。そして、次の週、医師がその患者さんに会うときには、身体的な基盤からは説明もつかない主観的な症状のるつぼと化しています。もっと障害が拡大しているかもしれません。例外はありますが、頭部の外傷に関して治療者が言う内容については、特に注意深くあるべきです。

ミッテンバーグたち（1992）は、「想像上の脳震盪は、頭部外傷を負った患者さんたちによって報告された脳震盪後症候群と実質的にほとんど同様の、一貫した症候群の支配下にあるという予測をたしかに呈する」ことを示しました。

訳者あとがき

本書は、ダブニー・M・ユーウィン博士による *101 things I wish I'd known when I started using hypnosis* (2009) の全訳である。タイトル通りに翻訳すると、過去完了形なので、『催眠を使い始めたときに知っておきたかった101のこと』となるが、取っつきやすさを考慮して、『催眠をはじめるときに知っておきたかった101のこと』と改めた。

本書を翻訳するきっかけになったのは、敬愛する大谷彰先生からの推薦であった。大谷先生は、アメリカ臨床催眠学会の重鎮であり、長年、アメリカで臨床家としてご活躍であり、訳者が催眠を自分のものにしていく過程で、大きな影響を受けた。その大谷先生から2013年の4月にお話をいただいたことで、舞い上がってしまったのと、ポップでキャッチーなタイトルと文字数の少なさに惹かれ、気軽に翻訳を引き受けてしまったのが運の尽き、訳出には呻吟する羽目になった。博士の文章は簡潔明瞭で、余分なところが切なく、アフォリズム調で書かれているので、日本語で同じような雰囲気を出そうとしても、訳者の英語力と日本語力がついていかない面が多々あった。実は、2015年の年明けに一度、訳を終えたのだが、再度見直しに入ってしまい、さらに1年近くかかってしまった。それでも、十分にこなれた日本語になっていないところや、ユーウィン博士の真意を捉え切れていないところもある。それらの責任はひとえに訳者である私にある。これまで分担翻訳の経験はあったが、本書は一人で訳出した最初の本である。責任をひしひしと感じる次第である。

そもそも、催眠に深入りするきっかけとなったのは、訳者が初めての解離性同一性障害のクライエントに四苦八苦しているとき、催眠が役に立つと耳にしたことであった。以来、催眠の研修会には行きまくり、学術大会にも参加し、古書を集め、臨床実践をし続けた。その際に、役に立ったのが、催眠に関する数多くの著作である。催眠の著作はすぐに絶版になってしまうため、その収集には苦労が伴ったが、明治時代から現代に至るまで、おおよそ全ての我が国における出版物を蒐集してきた。玉石混淆であったが、なかにはすぐに臨床で役立つヒントがちりばめられているものもあった。本書もそういう一冊になるだろう。本書はユーウィン博士が臨床実践の中でコツコツと書き留めてきた、催眠臨床にまつわるヒントが満載である。言葉編、禁煙編、痛み編、技術編、そして最後はどこにも含まれない知恵袋と言うしかないようなヒントの数々は、訳しながらもすぐに臨床で使いたくなるものばかりであった。実際、スーパーバイジーのケースに適用して、素晴らしい成果が上がり、その結果が日本臨床催眠学会で発表され、賞をいただくことにつながった。その事例は、後に論文化され、学会誌に掲載された。

ユーウィン博士は、２０１６年秋現在で90歳を超える長寿である。本書の序文の執筆を依頼したところ、ご快諾いただいたばかりか、その秋に開催予定の日本臨床催眠学会の学術大会に来ていただけるというところまで話が進んでいた。しかしながら、心臓ペースメーカーの手術をされて、体力的なことも考えて、来日は実現しなかったのが心残りであった。その影響で、序文の執筆も辞退されたのであるが、くれぐれも日本の臨床家の皆様によろしくお伝え下さいとのお言葉を賜った。博士に代わって、皆様にその言をお伝えしたい。

さて、紙幅も尽きてきた。まだまだ書きたいこともあるような、そうでもないような、妙な心持ちである。催眠をすでに学ばれて、臨床実践の中で使われている方も、これから学ぼうと思っておられる方にも、是非手にとっていただきたい。私もいつかは、こうした本を上梓できるように、これからも催眠実践に積極的に取り組みたい。

最後に、なかなか仕上がらない翻訳作業にもかかわらず、辛抱強く待っていただき、多くのアドバイスをいただいた金剛出版の編集担当である藤井裕二様に感謝の意を表したい。

2016年9月12日

福井義一

following mild head trauma : Expectation as aetiology. Journal of Neurology, Neurosurgery, and Psychiatry 55 : 200-204.

Orne, M. (1982) Hypnosis on Trial. BBC documentary film.

Osler, W. (1905) Aequanimitas : With Other Addresses to Medical Students, Nurses, and Practitioners of Medicine. P. Blakiston's Sons, Philadelphia, PA.

Peacock, S.M. (1954) Physiological responses to subcortical stimulations. In R.G. Heath (ed.) Studies in Schizophrenia. The Tulane University Department of Psychiatry and Neurology, pp.235-248. Harvard University Press, Cambridge, Massachusetts.

Pedersen, D.L. (1994) Cameral Analyisis : A Method of Treating the Psychoneuroses Using Hypnosis. Routledge, London.

Rossi, E.L. (1991) The 20 Minute Break : Using the New Science of Ultradian Rhythms. Jeremy P. Tarcher, Los Angeles, CA.

Sarbin, T.R. (2006) Hypnosis as a conversation : "believed-in imaginings" revisited. Contemporary Hypnosis 14-4 : 203-215.

Selye, H. (1946) The general adaptation syndrome and the diseases of adaptation. Journal of Clinical Eudocrinology 6 : 117-230.

Servan-Schreiber, D. (2004) The Instinct to Heal. Rodale Press, Emmaus, PA.

Service, R. (1940) Collected Poems of Robert Service. Dodd, Mead & Co., New York.

Tindle, H.A., Rigotti, N.A., Davis, R.B., Barbeau, E.M., Kawachi, I., and Shiffman, S. (2006) Cessation amongst smorkers of "light" cigarettes : Results from the 2,000 national health interview survey. American Journal of Public Health 96 : 1498-1504.

Weinberger, N., Gold, P., and Sternberg, D. (1984) Epinephrine enables Pavlovian fear conditining under anesthesia. Science 223 : 605-607.

Weitzenhofer, A. (1957) General Techniques of Hypnotism. Grune & Stratton, New York.

In B. Bonke, W. Fitch, and K. Millar (eds.) Memory and Awareness in Anesthesia. Swets & Zeitlinger, Amsterdam.
Ewin, D.M. (1992) Hypnotherapy for warts (verruca vulgaris) : 41 consecutive cases with 33 cures. American Journal of Clinical Hypnosis 35 : 1-10.
Ewin, D.M. (1994) Many memories retrieved with hypnosis are accurate. American Journal of Clinical Hypnosis 36 : 174-175.
Ewin, D.M. (1998) Editorial comment on Felt et al. American Journal of Clinical Hypnosis 41-2 : 138.
Ewin, D.M. and Eimer, B.N. (2006) Ideomotor Signals for Rapid Hypnoanalysis : A How-to Manual. Charles C. Thomas, Springfield, IL.
Evans, F.J. (1989) Presented at the 40th annual meeting of the Society for Clinical and Experimental Hypnosis.
Felt, B.L., Hall, H., Olness, K., Schmidt, W., Kohen, D., Berman, B.D., Broffman, G., Coury, D., French, G., Dattner, A. and Young, M.H. (1998) Wart regression in children : Comparison of relaxation-imagery to topical treatment and equal time interventions. American Journal of Clinical Hypnosis 41 : 130-138.
Freud, S. (1900) The Interpretation of Dreams. In the Standard Edition of the Complete Works of Sigmund Freud, vols.4 and 5, ed. and tr. by Jamed Streachey. Hogarth, London, 1953.
Graham, C. and Evans, F.J. (1977) Hypnotizability and the deployment of waking and attention. Journal of Abnormal Psychology 86 : 631-638.
Heath, G.H. (1996) Exploring the Mind-Brain Relationship. Moran Printing, Inc., Baton Rouge, Louisiana.
Heart of Healing (1992) What You Become. Noetic Sciences documentary aired on TBS stations.
Holy Bible. All quotes in the text are from the King James Version.
Kline, M.V. (1958) Freud and Hypnosis. Julian Press, New York.
Kluft, R.P. (2007) A Pragmatic Approach to Risk Reduction in the Clinic and the Workshop. Presented at the 59th annual meeting of the Society for Clinical and Exprimental Hypnosis. Anaheim, California, October 24.
Levinson, B. (1990) The states of awareness in anesthesia in 1965. In B. Bonke, W. Fitch, and K. Millar (eds.) Memory and Awareness in Anesthesia. Swets & Zeitlinger, Amsterdam.
Mason, A.A. (1952) A case of congenital ichthyosiform erythrodermia of Brocq treated by hypnosis. British Medical Journal 23 : 422-423.
Mason, A.A. (2007) Presentation at the annual meeting of the Society for Clinical and Experimental Hypnosis, Anaheim, California, October 27.
Mittenberg, W., DiGiulio, D.V., Perris, S., and Bass, A.E. (1992) Symptoms

文献

Baglivi, G. (1704) The Practice of Physick Reduced to the Ancient Way of Observations. Cited by J.P. McGovern and J.A. Knight in Allegory and Human Emotions (1967) Charles C. Thomas, Springfield, IL.

Beecher, H.K. (1956) Evidence for increased effectiveness of placebos with increased stress. Journal of Physiology 187 : 163-169.

British Thoracic Society (1983) Comparison of four methods of smoking withdrawal in patients with smoking related diseases. British Medical Journal 286 : 595-597.

Cheek, D. (1959) Unconscious perception of meaningful sounds during surgical anaesthesia as revealed under hypnosis. American Journal of Clinical Hypnosis 1 : 101-103.

Chertok, L. (1982) Can Your Mind Control Your Body? BBC documentary.

Colloca, L., Sigaudo, M., and Benedetti, F. (2008) The role of learning in nocebo and placebo effects. Pain 136 : 211-218.

Coué, E. (1905) Article/essay title? In R.L. Charpentier, L'Autosuggestion et son application pratique. Les Editions des Champs-Elysées, Paris.

Cousins, N. (1979) The Anatomy of An Illness As Perceived by the Patient. W.W. Norton, New York.

Esdaile, J. (1850) Mesmerism in India. Longman, London. (Repr. as Hypnosis in Medicine and Surgery. Julian Press, New York, 1957)

Ewin, D.M. (1977) Hypnosis to control the smoking habit. Journal of Occupational Medicine 19 : 696-697.

Ewin, D.M. (1980) Constant pain syndrom : Its psychological meaning and cure using hypnoanalysis. In W.J. Wain (ed.) Clinical Hypnosis in Medicine. Year Book Publishers, Chicago and London.

Ewin, D.M. (1983) Emergency room hypnosis for the burned patient. American Journal of Clinical Hypnosis 26 : 5-8.

Ewin, D.M. (1987) Constant pain syndrom : Its psychological meaning and cure using hypnoanalysis. Hypnos XIV : 16-21.

Ewin, D.M. (1989) Letters from patients : Delayed response to hypnosis? American Journal of Clinical Hypnosis 32 : 142-143.

Ewin, D.M. (1990) Hypnotic technique to recover sounds heard under anesthesia.

◆著者紹介

ダブニー・ユーウィン［*Dabney Ewin*］

ダブニー・ユーウィン（MD, FACS, ABMH）は、認定外科医であり、職業的な医学専門家である。キャリアの初期には、ニュー・オリンズのKaiser Aluminumの工場で工場医をしていて、酷い火傷を負った患者に催眠を使いはじめた。やがて心身医学に興味をもつようになり、開業で催眠実践を発展させ、１９７０年にテュレーン大学の医学校、１９８０年にルイジアナ州立大学の医学校で催眠を教えはじめた。

ユーウィン博士は米国医学協会の終身会員、米国外科医師会の特別会員、米国産業環境医学協会の下院の元議長である。また、アメリカ臨床催眠学会（ＡＳＣＨ）や米国医学催眠評議会の理事長も歴任した。また、臨床・実験催眠学会（ＳＣＥＨ）や国際催眠学会（ＩＳＨ）の特別会員で、幹事も務めた。ＡＳＣＨのミルトン・エリクソン賞や、ＳＣＥＨのRoy Dorcas賞、ＩＳＨのピエール・ジャネ賞も受賞している。多数の催眠に関する論文を刊行しており、“Ideomotor Signals for Rapid Hypnoanalysis : A How-to Manual”（日本未刊行）の共著者でもある。テュレーン大学医学校の外科と精神科の臨床教授、ルイジアナ州立大学の医学校の臨床教授でもある。

◆訳者略歴

福井義一［ふくい よしかず］

甲南大学文学部人間科学科教授。臨床心理士。日本ＥＭＤＲ学会理事、日本臨床催眠学会理事、同学会臨床催眠指導者資格、日本催眠医学心理学会常任理事、日本Brainspotting協会理事、Ego State Therapy-Japan代表。

同志社大学大学院文学研究科心理学専攻博士課程単位取得満期退学。大阪国際大学人間科学部人間健康科学科講師、京都学園大学人間文化学部講師、東海学院大学講師・准教授、甲南大学文学部人間科学科准教授を経て現職。

●主著

『心理学実験を学ぼう！』（分担執筆・金剛出版［２０１０年］）、『わかりやすいＭＭＰＩ活用ハンドブック――施行から臨床応用まで』（分担執筆・金剛出版［２０１１年］）、『自伝的記憶と心理療法』（分担執筆・平凡社［２０１３年］）ほか。

催眠(さいみん)をはじめるときに知(し)っておきたかった101のこと

２０１６年10月30日　印刷
２０１６年11月10日　発行

著者――ダブニー・ユーウィン
訳者――福井義一

発行者――立石正信
発行所――株式会社 金剛出版
〒１１２-０００５　東京都文京区水道１-５-16
電話　０３-３８１５-６６６１
振替　００１２０-６-３４８４８

装丁◉永松大剛［BUFFALO.GYM］
本文組版◉石倉康次
印刷所◉シナノ印刷

ISBN978-4-7724-1526-2 C3011